司法体制改革进程中的控权机制研究

——以公诉裁量权为例

Power Control Mechanism in the Process of Judicial System Reform :
Illustrated by the Public Prosecution Discretion

武晓慧 著

经济管理出版社
ECONOMY & MANAGEMENT PUBLISHING HOUSE

图书在版编目（CIP）数据

司法体制改革进程中的控权机制研究——以公诉裁量权为例/武晓慧著. —北京：经济管理
出版社，2016.12

ISBN 978-7-5096-4327-3

Ⅰ.①司… Ⅱ.①武… Ⅲ.①公诉—研究—中国 Ⅳ.①D925.04

中国版本图书馆 CIP 数据核字（2016）第 064391 号

组稿编辑：宋　娜　张艳玲
责任编辑：宋　娜
责任印制：黄章平
责任校对：赵天宇

出版发行：经济管理出版社
　　　　　（北京市海淀区北蜂窝 8 号中雅大厦 A 座 11 层　100038）
网　　址：www. E-mp. com. cn
电　　话：（010）51915602
印　　刷：三河市延风印装有限公司
经　　销：新华书店
开　　本：720mm×1000mm/16
印　　张：12.5
字　　数：201 千字
版　　次：2016 年 12 月第 1 版　　2016 年 12 月第 1 次印刷
书　　号：ISBN 978-7-5096-4327-3
定　　价：88.00 元

序 言

博士后制度在我国落地生根已逾 30 年，已经成为国家人才体系建设中的重要一环。30 多年来，博士后制度对推动我国人事人才体制机制改革、促进科技创新和经济社会发展发挥了重要的作用，也培养了一批国家急需的高层次创新型人才。

自 1986 年 1 月开始招收第一名博士后研究人员起，截至目前，国家已累计招收 14 万余名博士后研究人员，已经出站的博士后大多成为各领域的科研骨干和学术带头人。其中，已有 50 余位博士后当选两院院士；众多博士后入选各类人才计划，其中，国家百千万人才工程年入选率达 34.36%，国家杰出青年科学基金入选率平均达 21.04%，教育部"长江学者"入选率平均达 10% 左右。

2015 年底，国务院办公厅出台《关于改革完善博士后制度的意见》，要求各地各部门各设站单位按照党中央、国务院决策部署，牢固树立并切实贯彻创新、协调、绿色、开放、共享的发展理念，深入实施创新驱动发展战略和人才优先发展战略，完善体制机制，健全服务体系，推动博士后事业科学发展。这为我国博士后事业的进一步发展指明了方向，也为哲学社会科学领域博士后工作提出了新的研究方向。

习近平总书记在 2016 年 5 月 17 日全国哲学社会科学工作座谈会上发表重要讲话指出：一个国家的发展水平，既取决于自然科学发展水平，也取决于哲学社会科学发展水平。一个没有发达的自然科学的国家不可能走在世界前列，一个没有繁荣的哲学社会科学的国家也不可能走在世界前列。坚持和发展中国特色社会主义，需要不断在实践和理论上进行探索、用发展着的理论指导发展着的实践。在这个过程中，哲学社会科学具有不可替代的重要地位，哲学社会科学工作者具有不可替代的重要作用。这是党和国家领导人对包括哲学社会科学博士后在内的所有哲学社会科学领域的研究者、工作者提出的殷切希望！

中国社会科学院是中央直属的国家哲学社会科学研究机构，在哲学社会科学博士后工作领域处于领军地位。为充分调动哲学社会科学博士后研究人员科研创新的积极性，展示哲学社会科学领域博士后的优秀成果，提高我国哲学社会科学发展的整体水平，中国社会科学院和全国博士后管理委员会于2012年联合推出了《中国社会科学博士后文库》（以下简称《文库》），每年在全国范围内择优出版博士后成果。经过多年的发展，《文库》已经成为集中、系统、全面反映我国哲学社会科学博士后优秀成果的高端学术平台，学术影响力和社会影响力逐年提高。

下一步，做好哲学社会科学博士后工作，做好《文库》工作，要认真学习领会习近平总书记系列重要讲话精神，自觉肩负起新的时代使命，锐意创新、发奋进取。为此，需做到：

第一，始终坚持马克思主义的指导地位。哲学社会科学研究离不开正确的世界观、方法论的指导。习近平总书记深刻指出：坚持以马克思主义为指导，是当代中国哲学社会科学区别于其他哲学社会科学的根本标志，必须旗帜鲜明加以坚持。马克思主义揭示了事物的本质、内在联系及发展规律，是"伟大的认识工具"，是人们观察世界、分析问题的有力思想武器。马克思主义尽管诞生在一个半多世纪之前，但在当今时代，马克思主义与新的时代实践结合起来，愈来愈显示出更加强大的生命力。哲学社会科学博士后研究人员应该更加自觉地坚持马克思主义在科研工作中的指导地位，继续推进马克思主义中国化、时代化、大众化，继续发展 21 世纪马克思主义、当代中国马克思主义。要继续把《文库》建设成为马克思主义中国化最新理论成果宣传、展示、交流的平台，为中国特色社会主义建设提供强有力的理论支撑。

第二，逐步树立智库意识和品牌意识。哲学社会科学肩负着回答时代命题、规划未来道路的使命。当前中央对哲学社会科学愈发重视，尤其是提出要发挥哲学社会科学在治国理政、提高改革决策水平、推进国家治理体系和治理能力现代化中的作用。从 2015 年开始，中央已启动了国家高端智库的建设，这对哲学社会科学博士后工作提出了更高的针对性要求，也为哲学社会科学博士后研究提供了更为广阔的应用空间。《文库》依托中国社会科学院，面向全国哲学社会科学领域博士后科研流动站、工作站的博士后征集优秀成果，入选出版的著作也代表了哲学社会科学博士后最高的学术研究水平。因此，要善于把中国社会科学院服务党和国家决策的大智库功能与《文库》的小智库功能结合起来，进而以智库意识推动品牌意识建设，最终树立《文库》的智库意识和品牌意识。

第三，积极推动中国特色哲学社会科学学术体系和话语体系建设。改革开放 30 多年来，我国在经济建设、政治建设、文化建设、社会建设、生态文明建设和党的建设各个领域都取得了举世瞩目的成就，比历史上任何时期都更接近中华民族伟大复兴的目标。但正如习近平总书记所指出的那样：在解读中国实践、构建中国理论上，我们应该最有发言权，但实际上我国哲学社会科学在国际上的声音还比较小，还处于有理说不出、说了传不开的境地。这里问题的实质，就是中国特色、中国特质的哲学社会科学学术体系和话语体系的缺失和建设问题。具有中国特色、中国特质的学术体系和话语体系必然是由具有中国特色、中国特质的概念、范畴和学科等组成。这一切不是凭空想象得来的，而是在中国化的马克思主义指导下，在参考我们民族特质、历史智慧的基础上再创造出来的。在这一过程中，积极吸纳儒、释、道、墨、名、法、农、杂、兵等各家学说的精髓，无疑是保持中国特色、中国特质的重要保证。换言之，不能站在历史、文化虚无主义立场搞研究。要通过《文库》积极引导哲学社会科学博士后研究人员：一方面，要积极吸收古今中外各种学术资源，坚持古为今用、洋为中用。另一方面，要以中国自己的实践为研究定位，围绕中国自己的问题，坚持问题导向，努力探索具备中国特色、中国特质的概念、范畴与理论体系，在体现继承性和民族性，体现原创性和时代性，体现系统性和专业性方面，不断加强和深化中国特色学术体系和话语体系建设。

新形势下，我国哲学社会科学地位更加重要、任务更加繁重。衷心希望广大哲学社会科学博士后工作者和博士后们，以《文库》系列著作的出版为契机，以习近平总书记在全国哲学社会科学座谈会上的讲话为根本遵循，将自身的研究工作与时代的需求结合起来，将自身的研究工作与国家和人民的召唤结合起来，以深厚的学识修养赢得尊重，以高尚的人格魅力引领风气，在为祖国、为人民立德立功立言中，在实现中华民族伟大复兴中国梦征程中，成就自我、实现价值。

是为序。

王京涛

中国社会科学院副院长

中国社会科学院博士后管理委员会主任

2016 年 12 月 1 日

摘　要

　　把权力关进制度的笼子里，是党中央的重大政治决策，更是现代法治国家的基本特征。新一轮司法体制改革的重点是在保障权力运行的前提下，使其受到有效的监督与制约。我国《宪法》确立了检察机关法律监督地位，在司法体制改革的宏观背景下，监督者的权力如何受到监督亟待明确，加强对检察权的监督与制约也成为检察体制改革的重心。检察权是以公诉权为核心构建的权力体系，公诉裁量权是公诉权的重要组成部分，本质上是检察官在法律框架下对公诉活动的一种自由选择权，我国的司法实践表明，当前公诉裁量权在运行过程中存在诸多问题，而这些问题与权力的监督制约不力有直接关系。有效的控权机制，能够防止公诉裁量权的滥用并保障其诉讼功能的充分发挥，研究内容契合我国当前的司法体制改革目标，具有一定的战略高度与深远的现实意义，也能够丰富诉讼法学理论研究体系。

　　关于司法体制改革下公诉裁量权的控权机制，研究展开的整体脉络为：以中央的政治方针为导向，以公诉裁量权的本质特征为基石，以控权适度为原则，在公诉裁量权相关理论研究的基础上，结合域外比较研究，深入剖析我国权力运行中的突出问题，立足本土，以"中国的问题，世界的眼光"构建有效的权力控制体系。全书分为五章：第一章是公诉裁量权控制的基本研究架构，主要明确研究的对象以及研究的基本范畴。以问题意识为出发点，揭示公诉裁量权在司法实践与理论研究中存在的问题，通过图解的方式，厘清公诉权与公诉裁量权之间的联系与区别，界定公诉裁量权的内涵与外延，并结合其运行特征，将其划分为"起诉裁量权"与"不起诉裁量权"两种基本样态，以此为主线，阐明公诉裁量权的控制体系，包括控制对象、控制方式与控制目标。第二章是公诉裁量权运行的理论透视，这也是进行控权研究的前提与基础。对公诉裁量权的属性、价值及功能进行剖析，阐明其本质以及在刑事诉讼程序中的意义，探究公诉裁量权的理论基础、基本原则与影响因素等法理本源，奠定程序性控制的研究基础。理论上以诉讼目的论、契约论、诉权论及权力制约论等诉讼原理为理论支撑；权力配置上以国家追诉、控审分离、检察官客观义务及起诉便宜等诉讼基本原则为指导；权力运行上受诉讼构造、检警关系、刑事政策等因素的影响。第三章是域外公诉裁量权的运行与控权模式，分别对大陆法系、英美法系及混合制的代表性国家公诉裁量权进行比较研究，分析公诉裁量权在不同法律文化、司法体制以及诉讼构造背景下的运行与控制，探究域外权力控制的制度体现与内在规律，客观评价其优劣，为构建我国公诉裁量权控制体系提供参照。结合域外公诉裁量权模式划分的相关理论，立足我国权力运行的实际情况，提出新的模式划分，从而有的放矢地构建相应的权力控制措施。第四章是我国公诉裁量权的运行样态，将公诉裁量权根据其运行特征划分为两种基本样态：起诉裁量权与不起诉裁量权，选取提起公诉权与撤回公诉权作为起诉裁量权的研究范例，分析权力运行中存在的问题，论证不起诉裁量权有进一步扩大的空间探讨其根源；通过对我国不起诉制度的系统研究，论证不起诉裁量权有进一步扩大的空间，并揭示现有酌定不起诉、附条件不起诉以及裁量不起诉中权力控制的不足之处。第五章是司法体制改革进程中公诉裁量权的控权机制，在对公诉裁量权进行理论分析、域外比较研究的基础上，立足本土，审视现有公诉裁量权控制措施中存在的问题，围绕全面推进依法治国和建设公正高效权威的社会主义司法制度的总目标，构建我国公诉裁量权的控制体系。其中，对于起诉裁量权的控制以构建庭前公诉审查程序为主；对于不起诉裁量权，应当在扩大权力的基础上通过完善人民监督员制度、构建强制起诉制度等措施实现有效控制。同时，结合权力控制配套措施的完善，确保公诉裁量权在控权机制内的良性运转，最终实现公正与效率的兼顾以及犯罪追诉与人权保障的平衡。

关键词：公诉裁量权；模式划分；运行样态；控权机制

Abstract

To put the power into the cage of regulation is a major political decision of the CPC Central Committee, as well as a basic characteristic of modern country under the rule of law. The latest judicial system reform focuses on effective supervision and restriction over power on the premise of its execution. The Constitution establishes the legal supervision status for the procuratorate, and it need to be made clear about how to supervise the power of the supervisor under the macroscopic background of the judicial system reform. To strengthen the supervision and restriction of the power of the prosecutorial department has become the focus of the reform of prosecutorial system. The power of the prosecutorial department is a power system established with public prosecution power as its core. As an important part of public prosecution power, prosecutorial discretion is a sort of free choice power about prosecution activities under the legal framework in essence. The judicial practice shows that there are some problems in implement of prosecutorial discretion, and there is a direct relationship between these problems and lack of effective control mechanism. Effective and suitable control mechanism can be used to prevent the abuse of prosecutorial discretion, and ensure full play of litigation function. With the content conforming to the goals of current judicial reform in China, this research has a certain strategic height and far-reaching practical significance, and would enrich the theoretical research system of litigation law.

The research path about the control of prosecutorial discretion in the judicial system reform should be as follows: guided by the political policy of the central government, based on prosecutorial discretion's essential characteristics, with the principle of appropriate power control, on the basis of relevant theoretical research about prosecutorial discretion, combined with comparative study between foreign countries and China, and thus to deeply analyze the outstanding problems in the power implementation in China, and build an effective power control system about China's problems with worldwide view point. There are five chapters in this book and the first chapter is the basic research framework of prosecutorial discretion, with the aim mainly about confirming the research scope and objectives. By putting forward related questions, we can reveal the problems of prosecutorial discretion in judicial practice and theoretical research. We can distinguish the relation and difference between public prosecution power and prosecutorial discretion, define the connotation and denotation of prosecutorial discretion by drawing diagrams, and prosecutorial discretion can be divided into two basic patterns combining its operation characteristics: prosecuting discretion and non-prosecuting discretion. Along this main research line, we can clarify the control mechanism of prosecutorial discretion which includes controlling object, method and goals. The second chapter is theoretical research of prosecutorial discretion, and it is the premise and foundation of the research about power control. By analyzing the attributes, the value and the function of prosecutorial discretion, we can reveal its nature and meaning in criminal procedure, and we can explore the legal origins such as theoretical basis, basic principles and influence factors of prosecutorial discretion and lay the foundation of procedural control research. This research is supported by theories including Theory of Procedural Aim, Theory of Contract, Theory of Litigation Right and Theory of Restriction of Powers. Power disposition should be guided by the basic principles of litigation such as state prosecution, separation of prosecution and trial, the objective obligation of procurator, doctrine of convenient prosecution. Power operation should be influenced by litigation structure, the relationship between procurator and policeman, and criminal policy. The third chapter is about the modes of the execution and control of prosecutorial discretion in foreign countries. Through comparing the typical prosecutorial discretion in representative countries in civil law system countries, common law system countries and mixed system countries, we can analyze the execution and control of prosecutorial discretion in different legal culture, judicial system and structure of criminal procedure, to sum up the expression and the inherent law of foreign countries' power control mechanism, and we can evaluate their strengths and flaws objectively, provide a reference for Chinese construction of prosecutorial discretion control mechanism.Combined with the related theories of model classification in foreign countries and based on the actual situation of power execution in China, we can develop corresponding power control measures purposefully, and put forward a new model classification. The fourth chapter is the executive modes of prosecutorial discretion in China. We can divide prosecutorial discretion into two modes according to its execution characteristics: prosecuting discretion and non-prosecuting discretion. We select the discretion of indicting and withdrawing as basic research examples to analyze the problems in discretion execution and explore its causes. Through studying on the non-prosecuting discretion systematically, we can clarify further research space and reveal the shortcomings of discretionary non-prosecution, non-prosecution of additional conditions, discretion not to prosecute in current procedural control mechanism. The fifth chapter is about prosecutorial discretion control mechanism in Chinese judicial system reform process. On the basis of relevant theoretical analysis, comparative study between China and foreign countries, based on China's actual situation, examining the problems in current procedural control measures, reconstructed the procedural control mechanism of prosecutorial discretion and around the goal of promoting the policy of ruling by law comprehensively and establish a just, efficient and authoritative socialist judicial system. Among which, we should give priority to prosecution censorship to restrict the prosecutorial discretion in pretrial procedure. As to non- prosecuting discretion, we should achieve effective control though measures of improving people's supervisor system, establishing coercive indictment proceeding system on the basis of expanding power. Combined with the perfection of the matching measures of power control, to ensure the prosecutorial discretion will work well by the control mechanism, and achieve the goal of taking into account both justice, efficiency and the balance between criminal prosecution and human rights protection ultimately.

Key Words: Prosecutorial discretion; Model classification; Execution mode; Power control mechanism

目　录

Table of Contents

绪 论

党的十八届三中全会通过的《中共中央关于全面深化改革若干重大问题的决定》指出：健全司法权力运行机制。优化司法职权配置，健全司法权力分工负责、互相配合、互相制约机制，加强和规范对司法活动的法律监督和社会监督。中央的决定充分表明，新一轮司法体制改革的重点是在保障权力运行的前提下，使其受到有效的监督与制约。围绕全面推进依法治国的总目标和建设公正高效权威的社会主义司法制度，公正、高效、便民也成为司法体制改革的基本目标，并为改革进入新境界提出了要求、提供了空间。最高人民检察院正式印发实施《关于深化检察改革的意见（2013~2017年工作规划）》（2015年修订版），就贯彻落实中央部署、全面深化检察改革提出六大重点任务，其中重要的一项就是强化对检察权运行的监督制约。

刑事诉讼的根本目的是实现打击犯罪与保障人权的平衡，公诉权是由检察官代表国家对犯罪进行追诉的权力，可以被视为国家对个人发动的一场战争。在刑事诉讼程序中，公诉作为侦查与审判的中间环节占据承前启后的重要位置，检察机关通过公诉审查，能够将不符合起诉条件或者无起诉必要的案件拦截在审判程序之外，但是，如果权力行使不当易造成对人权的侵犯，产生权力寻租甚至滋生腐败，导致错案发生、诉讼效率低下等，严重影响司法公信力。另外，检察机关在被赋予公诉职能的同时，我国《宪法》又确立了其法律监督地位，监督者的权力如何受到监督一直是诉讼法学理论中讨论的热点。"现代法治国家的一个典型特征，就是在立法上每授出一项权力，就必须同时设立相应的控制权力的制约保障机制，使权力与权力或者权力与权利之间得到充分制衡，以防止该项权力被滥用。"①

---

① 邓思清：《检察权研究》，北京大学出版社2007年版，第475页。

当前我国对于公诉裁量权的监督与制约，存在"重监督，轻制约；重自我监督，轻外部制约"等基本特点，这些特点导致对公诉裁量权的监督与制约力度不足因此有必要对其加强控制。这里就存在监督与制约的辩证关系，二者都是对国家公权力的规制，目的是防止其被滥用，但二者并非完全等同。监督，是监督主体依据法律的授权，对国家权力的检查、督促活动，反映的是法律地位不同的权力主体之间的约束关系；而制约是指同一层级的国家权力之间在分权的基础上，彼此间形成的制衡关系。[①] 笔者之所以选用"控制"一词，不仅是因为控制具有监督与制约的双重内涵，也是为强调监督与制约的有效性。同时，基于权力（权利）的配置与划分是刑事诉讼中的本源性、根本性问题。从本质上讲，诉讼法是以程序形式确定权力（权利）的归属、设定权力（权利）的范围、规范权力的行使。[②] 因而，通过对公诉裁量权的研究，达到构建有效的"程序性"控制措施的目的。

在法学研究中，对权力、制度等具体问题进行论证的必要性，主要是由于法在实施过程中不可避免地会产生立法与司法的错位，公诉裁量权的实施亦不例外。公诉裁量权，本质上是检察官在法律框架下的一种自由选择权，因而在权力行使过程中，裁量的内容、裁量的幅度都具有较大弹性，而相应的法律规定却较为笼统，加之执法水平参差不齐、社会舆论的不良导向以及满足一己私利等客观情况的存在，致使公诉裁量权在实践中的运行存在偏差。同时，在现有的理论研究中，对公诉裁量权的认知也并未达成一致，这就直接影响了公诉裁量权控制体系的构建。在司法实践中，由于对公诉裁量权的控制不力，也导致权力运行偏离正常轨道，侵犯人权、浪费司法资源等情形凸显。当司法实践中的问题不能从法律条文中找到明确的解决方案时，要维护法的基本秩序、规范公诉裁量权的运行，就必须通过对基本理论的深入研究并把握其内在规律性，进而探求其科学的控制体系。此外，随着近年来司法体制改革的深入，尤其是 2012 年对《中华人民共和国刑事诉讼法》（以下简称《刑事诉讼法》）的大规模修改，公诉制度也发生了重大变革，量刑程序、非法证据、刑事和解等一系列新制度的确立，对公诉裁量权的运行产生了一定影响，传统的权力控制方式难以应对司法实践中出现的新问题。因此，笔者决定结合立法变迁及司法

---

① 张兆松：《中国检察权监督制约机制研究》，清华大学出版社 2014 年版，第 59-74 页。
② 周欣：《侦查权配置问题研究》，中国人民公安大学出版社 2010 年版，第 3 页。

现状，对公诉裁量权的程序性控制展开研究，以期丰富当前的理论研究体系，并对司法实践中的相关难题予以回应。

一、研究的意义

目前我国关于公诉裁量权的特征、定位及理论基础等相关研究还没得到统一，某些观点甚至还存在偏差，这势必会导致制度构建缺乏科学性与合理性，对策性研究也会因缺乏理论的支撑而具有盲目性。理论来源于实践，公诉裁量权的基本理论是从权力运行过程中提炼出来的，具有普遍意义，并且能够在实践中得到进一步的完善与发展。基于此理念，结合对《刑事诉讼法》的修改引发的公诉制度变革以及司法体制改革的深入开展，针对近年来实践中出现的新情况、新问题，理论联系实际，对公诉裁量权的基本理论问题进行梳理、分析，借鉴其他国家的经验，立足本土，以世界的眼光，构建我国公诉裁量权的程序性控制体系。

学术研究的理想境界也许在于必须具备能够对接三个不同领域的"三栖"能力：一是能够对接学术界，以保持理论的高度和学术的深度；二是能够对接决策层，以为决策的制定提供理论支撑与专业意见；三是能够对接实务界，以通过对实务的认肯与总结、反思与批判，引导实务并促使各种弊端与缺憾的革除。① 对应而言，公诉裁量权的程序性控制之研究意义可概括为以下三个方面。

其一，丰富理论研究体系。对基本理论的认识与分析是研究公诉裁量权的逻辑起点，是探究权力运行内在规律的基础，也是展开程序性控制研究的前提。这些由经验事实归纳出来并且具有普适性的基本理论影响着公诉裁量权的运行方式及控制机制的构建。理论来源于实践，公诉裁量权的基本理论是在权力实施中提炼出来的，具有普遍意义，并且能够在实践中得以不断完善与发展。在此基础上审视关于我国公诉裁量权的现有研究可以发现，大多数研究是关于如何制约不起诉裁量权的，而关于起诉裁量权尤其是提起公诉权，往往被认为是起诉法定主义，这直接导致了起诉裁量权的程序性控制研究较为薄弱。结合其他国家关于公诉裁量权的理论研

---

① 宋英辉：《刑事诉讼原理（第二版）》，法律出版社 2007 年版，第 4—5 页。

究，针对我国近年来改革中出现的新情况、新问题，理论联系实际，对公诉裁量权基本理论问题进行梳理、论证。通过本书的研究，以期能够在现有理论的基础上有所创新，从而丰富研究体系，为公诉裁量权的程序性控制研究提供新的思路。

其二，为科学、合理的制度构建提供理论支撑。目前，我国关于公诉裁量权的性质、实施原则等基础性理论的研究过于狭隘，这也会导致制度构建缺乏科学性与合理性，现有的对策性研究也会因缺乏充分的理论支撑而具有片面性。本书以问题意识为出发点，从诉讼程序的纵向结构上剖析法院案件严重积压、错案层出不穷，以及这些现象为何无法通过审判程序改革得到有效缓解，比较西方法治国家公诉裁量权的实施与控制模式，反思我国公诉程序中制度设置的合理性，并且通过分析公诉裁量权及庭前程序在 1979 年、1996 年、2012 年三部《刑事诉讼法》中的立法变迁，结合近年来司法体制改革的进程，探究其发展的基本脉络、内在规律及存在的问题，透过现象看本质，发现存在的问题，揭示问题产生的深层原因，并将这些原因进行概念化或者模式化的理论总结，为决策者制定科学、合理的具体制度提供理论参考。

其三，实现理论对于司法实务的指导意义。要维护法律的基本秩序，保障公诉裁量权的运行不偏离正常的轨道，就必须通过反映其内在规律的基本理论来指导具体实施。由于理论本身来自实践，是对经验事实的抽象与总结，因此，对于司法实务的指导意义体现在两个方面：一是有助于司法实务部门及时发现、反思公诉裁量权在实施过程中存在的问题、改革的瓶颈，探寻问题产生的根源；二是促进实现公诉裁量权的适度控制。裁量权本质上就是一定范围内的自由选择权，因此权力控制的根本原则就是"适度"，过于严格或者过于宽松都不利于其运行。根据起诉裁量权与不起诉裁量权的不同特点以及在司法实践中的具体表现形式，构建不同的权力控制措施，规范权力的运行，防止权力的滥用。

二、研究的方法

选题与研究思路明确后，研究方法的选择至关重要，正所谓"工欲善其事，必先利其器"，方法是否恰当决定了研究能否取得预期的效果。本书主要采用三种研究方法：社会科学研究方法、比较方法与价值分析方法。

1. 社会科学研究方法

社会科学研究方法是进行法学研究的一种新途径，这种方法至少包括"两性"和"两化"四个特点，也就是客观性和经验性、概念化和模型化，其最高境界就是在经验事实的基础上发现既有的权威理论无法解释的现象，提出概念化和模型化的理论，经过严格的证伪过程对新理论的适用边界予以科学地界定，最后形成新的理论。[①] 社会科学研究方法的核心价值是通过对大量经验事实的分析，从中提炼出模式化的理论，再用理论去解释事实，从而实现从经验事实到理论的跳跃。这种法学研究方法运用难度虽然较大，但易于理论的创新，本书尝试运用该研究方法。

2. 比较方法

比较研究是法学论文写作中常用的方法，主要通过对国外法律制度的介绍及与国内相关制度的比较，发现其共同的规律或相似之处，或者将国外法律制度作为参照物以评判国内情况的优劣。比较研究可以拓宽法学研究的视野是毋庸置疑的，但对于国外的立法或制度也不能盲从，毕竟各国的司法理念、法律文化及司法环境都存在很大差异。公诉制度起源于法国，对我国而言属于舶来品，虽然目前已形成了具有中国特色的公诉制度，但由于在我国确立较晚，其理论体系仍有待完善，因此，在公诉裁量权的相关研究中运用比较方法是非常必要的，而比较方式的选择也是该研究方法运用恰当与否的关键。由于本书是关于公诉裁量权程序控制的系统研究，如果从整体上对国外的情况进行分析、对比，必然会因过于笼统而无法揭示其本质。书中将比较方法灵活运用于研究所涉及的具体问题，通过比较、分析国外公诉裁量权的运行及控制机制，发现异同，解释原因并探究其蕴含的深层理论。例如，对于起诉裁量权的制约，国外普遍实行司法审查制度，在比较研究中不仅要对这种制度本身进行展示，更要探究其设置的背景、目的，审查起诉权与司法审查权之间存在的因果关系，司法审查制度在我国的必要性、可行性等。

3. 价值分析方法

在评价具体法律规则、制度设置或者权力运行的正当性、合理性时，通常会用到价值分析方法。价值分析方法的关键是评价标准的确立，换言

[①] 陈瑞华：《论法学研究方法》，北京大学出版社 2009 年版，第 7 页。

之，以什么样的标准来评判规则或制度的正当性与合理性。如果将价值分析建立在个人臆断的基础上，势必会造成评判结果具有强烈的主观性。本书中所采用的价值分析方法，是结合前述社会科学方法与比较方法，以经验事实及其理论升华为价值评判标准，通过分析公诉裁量权在诉讼程序中的价值以及与其他价值的平衡关系，对公诉裁量权的实施及程序控制措施等进行的综合评价，因此，评判结果也更具客观性与科学性。

三、研究的预期

总体而言，研究的预期目的是以公诉裁量权的有效控制为范例，探求当前中国司法体制改革进程中科学的控权机制，具体表现为：对公诉裁量权进行科学的合理化控制，贯彻公正、高效、和谐的基本理念，以权力或权利规范约公诉裁量权的行使。重点控制起诉裁量权，防止不当起诉对人权的侵犯及司法资源的浪费；扩大不起诉裁量权的适用范围，充分发挥其程序分流等多重程序性功能，并通过赋予当事人权利救济等措施控制不起诉裁量权的滥用。通过控权机制的运行根本目的是平衡打击犯罪与保障人权之间的关系。

第一章 公诉裁量权控制的基本研究架构

何谓司法中的自由裁量？这个问题在理论上没有统一的答案。自由裁量，本质上是一种思维活动，是司法者对于案件事实和法律运用的认识与价值判断，更是对法律规则的调和与补充。美国学者戴维斯认为，裁量是种对个别化正义不可或缺的工具，如果缺少"裁量"的调和，规则本身无法应对现代政府和现代正义的复杂问题。[1] 何谓自由裁量权？与自由裁量一样没有统一的理论界定。英国学者戴维认为，"自由裁量权是指酌情作出决定的权力，并且这种决定在当时的情况下应是正义、公正、正确、公平和合理的。"[2] 在德国，裁量权则被视为"法律授予权力主体在授权的衡量空间中'用法'的权力"。[3] 我国学者也对裁量权进行了多种定义，例如有学者认为自由裁量权是主体在授权范围内，为保障权力行使的合理性而根据具体事项、具体情况进行斟酌处理的权力。[4] 虽然各国对司法裁量权的界定不尽相同，但其本质是相同的，均是为实现正义而赋予权力主体在一定范围内的理性决定权，这种权力同样也贯穿于公诉程序之中。可见，自由裁量权并非绝对自由权，而是一种相对自由权，权力主体不仅要在预设的法律框架下行使，更要遵循公平、正义等基本原则。

公诉程序中的法定性权力是与裁量性权力相对应的，并且形成了起诉法定主义与起诉便宜主义的分野，其本质区别是检察官对于刑事案件的起

---

[1] ［美］肯尼斯·卡尔普·戴维斯：《裁量正义》，毕洪海译，商务印书馆 2009 年版，第 26 页。

[2] ［英］戴维·M.沃克：《牛津法律大辞典》，北京社会与科技发展研究所译，光明日报出版社 1988 年版，第 261 页。

[3] 周长军：《刑事裁量论——在划一性与个别化之间》，中国人民公安大学出版社 2006 年版，第 35 页。

[4] 龙宗智：《检察官自由裁量权论纲》，《人民检察》2005 年第 8 期。

诉是否必须严格遵循法律的规定①。正如美国著名法学家罗斯科·庞德曾经提出的：法的实施实际上是稳定性与必要的变化性二者之间的调和，也就是根据确定的规则执行法律与根据司法人员的经验进行自由裁量的调适问题。② 这也就意味着，静态的法律规则往往需要通过与动态裁量之间的交互作用，才能更好地适用于个案，但在司法实践的具体运用中，究竟是"规则"多一些好，还是"裁量"多一些好，各国历来众说纷纭、选择各异。体现在现代公诉制度中，法治国家通常会选择起诉法定主义与起诉便宜主义相结合的方式，各国的差异主要在于二者的主次关系。通常而言，德国等大陆法系国家以起诉法定主义为主，起诉便宜主义为辅；而美国等英美法系国家则反之，但无论制度上的具体表现如何，本质上均为规则与裁量的协调性问题。可以说，体现法律稳定的规则与反映法律变动的裁量之间的此消彼长贯穿了整个人类法律发展史，这也是法定性权力与裁量性权力博弈的过程。

现代法治国家中基本没有彻底实行起诉法定主义的情况，尤其是近几十年来，随着世界经济的发展以及犯罪形势的变化，检察官的公诉裁量权也普遍呈现扩大趋势。我国也通过 2012 年对《刑事诉讼法》的修改，新增了附条件不起诉及和解程序的相关规定，扩大了检察机关的裁量权，凸显了裁量权在公诉程序中的重要性。究其原因，现阶段我国处于社会转型期，经济发展的同时也导致犯罪率的急剧上升，加之多元化的刑罚理念，要求犯罪追诉不仅要实现正义，也要兼顾效率，公诉在刑事诉讼程序中处于侦查与审判的中间环节，控制着进入审判程序的案件数量与质量，而真正发挥这种程序"调节器"功能的正是公诉裁量权，由此可见公诉裁量权的重要性。在我国司法实践中，由于对公诉裁量权的监督制约不力，权力的运行偏离立法初衷，甚至发生滥用的情况。同时，目前的理论对公诉裁量权的认识还不够充分，甚至存在偏差，进而对司法实践造成一定程度的误导。解决问题的关键是要在明确公诉裁量权内涵与外延的前提下，把握公诉活动中检察官进行裁量的"域"与"度"。所谓公诉裁量的"域"，是

①关于公诉权的行使主体，目前世界上大多数国家为检察机关，但也存在享有公诉权的其他机构。鉴于我国宪法将检察机关确定为唯一的公诉机关，为了统一，本书在比较研究过程中将公诉裁量权主体限定为检察机关。

②［美］罗斯科·庞德:《法律史解释》，邓正来译，中国法制出版社 2002 年版，第 2 页。

指检察官行使公诉裁量权的范围，换言之，检察官在公诉程序中可以针对哪些问题进行自由裁量；所谓公诉裁量的"度"，即检察官可以对相关事项进行裁量的程度，"自由裁量是一根临界线，偏向一边是一种机械执法，偏向另一边则是专制擅断"①。保障程序作用的充分发挥与控制权力的滥用成为公诉裁量权研究的两个基本方向。而对于"域"与"度"的界定应以问题意识为出发点，围绕实践中存在的问题与理论中的不足展开研究。

第一节　控权问题的提出

国家追诉、控审分离等基本原则的确立，奠定了公诉权在现代刑事诉讼制度中的地位，对于平衡犯罪控制与人权保障起着重要作用。从犯罪控制的角度而言，国家刑罚权的实现有赖于公诉权的行使；从保障人权的角度而言，通过公诉审查，能够防止对被追诉人的不当起诉或者不必要起诉。我国公诉权在实施过程中存在诸多现实问题，而这些问题很大程度上是源于对公诉裁量权的控制不力，不仅没有充分发挥其程序性功能，还影响了公诉权的整体运行。

一、问题意识

问题意识是与社会科学研究方法相对应的。反思中国以往的法学研究，大多局限丁两种：一是比较性研究，对国外的制度与理论进行考察、分析，尤其是西方法治发达国家的做法，借以论证是否可适用于我国，这种研究很大程度上成为某种"文献综述"，并不能从根本上解决中国的问题，更难以实现理论上的突破与创新；二是对策性研究，也就是根据我国刑事诉讼程序中出现的具体问题，有针对性地提出解决对策，而这些对策也通常以推动立法修改为目的，这也是研究中的主流方式。但是，往往实

---

① 苏晓宏等：《法律运行中的自由裁量》，法律出版社 2010 年版，第 6 页。

现了修法也未必能取得理想效果，最典型的是为解决庭审流于形式的问题，在一片呼声下，1996年的《刑事诉讼法》取消了全案移送制度，但从十余年的实践情况来看，不仅没有达到当时的立法初衷，还引发了更多问题，于是2012年的《刑事诉讼法》又恢复了全案移送制度。可见，对策性研究容易陷入瓶颈。正如有学者所言：我们过去很多研究没有问题意识，不知道中国的问题为何物，整个研究没有从中国的实际情况出发去发现问题、分析问题、解决问题，而是乐于进行所谓的抽象思辨，这难免会让人产生隔靴搔痒、不知所云的感觉。[①] 甚至也有一些研究走入了无病呻吟的状态——纯粹为了研究而研究。针对我国检察官公诉裁量权过小的现实，很多学者提出了扩大检察官的公诉裁量权，却忽视了另外一些问题：公诉裁量权是否要进行起诉裁量权与不起诉裁量权的区分？学者呼吁的是扩大不起诉裁量权，那么如何看待检察官的起诉裁量权过大导致的一系列问题？当前检察官的不起诉裁量权较小且存在滥用，又该如何应对权力扩张后引发的其他问题？在这种情况下引入社会科学研究方法是非常必要的。

社会科学研究方法强调发现实践中存在的问题，也就是在经验事实层面进行的问题概括，并对问题产生的深层原因进行透彻的分析，探究其中的因果关系，进而提炼出相应的理论问题。理论是从经验事实中抽象、归纳出来的某种规律性命题，法学研究的根本目的是实现从经验事实到理论事实的转变。从这一过程可以看到，问题意识是基本出发点，所有研究围绕问题展开，包括实践中的问题与理论中的问题两个方面。而模式化分析也是社会科学研究的一种重要方法，在刑事诉讼法学中，运用模式化分析的方法能够最大限度地分析和描述作为"问题"的研究对象，例如，美国学者帕克对刑事诉讼程序所进行的"犯罪控制模式"与"正当程序模式"的划分。在模式化分析的基础上，进而揭示问题与原因之间的因果关系，最终提炼出客观、科学的理论。据此，笔者在后文中专门对已有的公诉裁量权程序性控制进行了相应的模式划分，并根据我国的情况提出了新的划分模式。

---

① 陈瑞华：《论法学研究方法》，北京大学出版社2009年版，第8页。

二、实践问题

从"亡者归来"的赵作海案到"真凶再现"的呼格吉勒图案，再到"证据不足"的念斌案，多起震惊全国的错案被曝光。据相关媒体报道，"仅十八大以来，就有 23 起冤假错案得到纠正，并且大多数是因为证据不足，根据疑罪从无原则被宣判无罪的"①。与此同时，对于进入审判程序的案件，也存在被任意撤回及再次起诉的情形，这不仅因诉讼程序倒流导致司法资源浪费，也使得被告人长期处于法律上的不确定状态，饱受诉讼之累。这些现象，使人们对国家司法公信力产生质疑的同时，也引起诸多反思：在证据不足甚至是根本就没有证据的案件中，无辜的人是如何"顺利通过"侦查、公诉以及审判程序的层层审查最终被判处有罪的？检察机关处于刑事诉讼程序的中间环节，对审判的入口起着重要的把关作用，那么这些案件是如何被提起公诉并顺利进入审判程序的？错误的起诉为何没有被及时发现并予以纠正？而提起公诉的案件为什么被任意撤回，甚至又被随意再次起诉？同时，随着社会的快速发展，近年来犯罪数量呈上升趋势，导致司法系统超负荷运转，尤其是法院因案件堆积审判压力过大，在司法资源极为有限的情况下，大量轻微刑事案件占用了资源的配置，并且最终被宣告无罪、免予刑事处分或判处缓刑、拘役、管制及单处附加刑。那么，值得思考的是：轻微刑事案件是否一定要通过正式的审判程序才能实现正义？检察机关作为审判程序入口的把关者，应当如何在公诉阶段对这些案件进行分流与过滤？另外，因检察机关的不起诉，也存在犯罪行为人逃脱应有的法律制裁，被害方上访、申诉，并引起社会矛盾的激化。这也不得不引起人们的另一个反思：检察官的公诉裁量权究竟该如何行使？上述现象在国内并非个例，笔者对国家公布的相关统计数据进行了汇总，在一定程度上能直观反映公诉裁量权在实践中的运行以及对审判程序的影响。

表 1-1 中列明了 1997~2012 年全国提起公诉的案件数量，法院审理一审刑事案件的数量②，审理判决的罪犯总人数及其宣告无罪、免予刑事处

---

① 徐隽：《盘点十八大以来纠正的 23 起重大冤假错案》，《人民日报》2014 年 12 月 17 日第 1 版。
② 法院受理一审刑事案件的数量包括自诉案件数量与往年积案。

表 1-1　1997~2012 年公诉与审理统计数据

年份	提起公诉案件（件）	法院审理一审刑事案件（件）	罪犯总数（人）	宣告无罪（人）	免予刑事处分（人）	判处缓刑、拘役、管制及单处附加刑（人）
1997	360696	436894	526312	3476	8790	92454
1998	403145	482164	528301	5494	9414	120604
1999	464785	540008	602380	5878	9034	143755
2000	480119	560432	639814	6617	9770	158773
2001	569968	628996	746328	6597	10588	176197
2002	583755	631348	701858	4935	11266	184831
2003	560978	632605	747096	4835	11906	213802
2004	612790	647541	767951	3365	12345	242992
2005	654871	684897	844717	2162	13317	283221
2006	670727	702445	890755	1417	15129	335122
2007	711144	724112	933156	1713	15196	310551
2008	750934	767842	1008677	1373	17312	367806
2009	749838	768507	997872	1206	17223	357147
2010	766394	779595	1007419	999	17957	367679
2011	824052	845714	1051638	891	18281	422934
2012	979717	996611	1174133	727	18974	504523

分、判处缓刑、拘役、管制及单处附加刑各类刑罚的人数。

将提起公诉案件数与法院审理的一审刑事案件数比对，可以生成图 1-1。

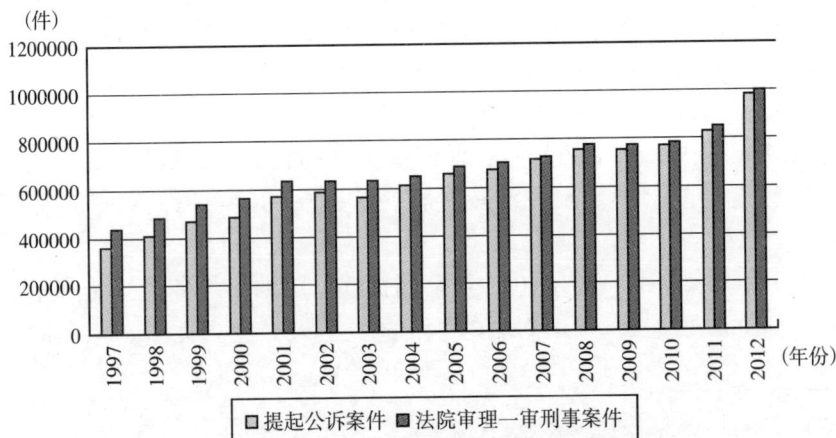

图 1-1　1997~2012 年提起公诉案件与法院审理一审刑事案件对比

如图 1-1 所示，提起公诉的案件数量与法院审理的一审刑事案件数量均逐年增长，且检察机关提起公诉的绝大多数案件毫无障碍地进入审判程序，二者保持同步上升的趋势。大量案件被提起公诉导致法院的审判压力不断增大。

根据被宣告无罪、免予刑事处分以及判处缓刑、拘役、管制及单处附加刑三类判决结果的人数占总人数的比例，可生成图 1-2。

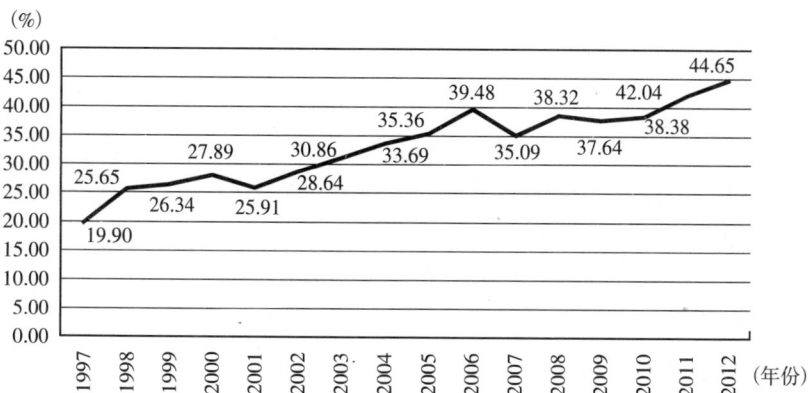

图 1-2　1997~2012 年三类犯罪人数百分比

如图 1-2 所示，上述三类判决结果的人数之和占宣判总人数的比例，自 1997 年至 2012 年间，虽然个别年份出现下降，但整体呈上升趋势。

通过对上述图表的分析，能够揭示我国公诉权运行过程中存在的诸多现实问题。简言之，起诉率过高而不起诉率过低，大量证据不足以及轻微刑事案件进入审判程序。就不起诉而言，"我国 2003 年至 2011 年，侦查机关移送审查起诉共计 8943294 人，其中检察机关决定不起诉的 245718 人，不起诉率约为 2.75%"①。公诉权没有从根本上发挥审前程序分流与案件过滤的作用。一些地方统计数字也反映了同样的情况，以平湖市检察院为例，"自 2008 年至 2013 年，共提起公诉 6536 人，其中，被判处三年以下有期徒刑、管制、拘役、单处罚金和免予刑事处分共占提起公诉的总人数的 79%，其中判处三年以下有期徒刑及拘役被宣告缓刑的共

---

① 王禄生：《刑事诉讼的案件过滤机制——基于中美两国实证材料的考察》，北京大学出版社 2014 年版，第 32 页。数字统计来源于《中国法律年鉴》与《最高人民检察院工作报告》。

1248 人"[1]。统计数据表明，现阶段我国检察官的不起诉权较小。检察机关提起公诉的案件，法院基本进行开庭审理，案件的审前过滤及程序分流作用未得以充分体现，导致法院审理中既包含证据不足而不应当被提起公诉的案件，也包含大量事实清楚、证据充分的轻微刑事案件，案件堆积严重，不仅占用了有限的司法资源，造成法院审判压力过大，法官不堪重负，同时，因审判基本是以侦查案卷笔录为中心，容易因审理粗糙导致冤假错案。种种负面后果不得不引起人们对公诉裁量权的另一种反思：立法上明确赋予检察官的不起诉权为何在实践中的实施效果不佳，未发挥应有的程序性功能？为何在不起诉权存在空间较小的情况下也有滥用的情形发生？进一步扩大检察官的裁量权后又该如何防止其滥用？

透过现象看本质，从上述对公诉权现实问题的分析可知，无论是起诉权还是不起诉权，在实施过程中都与立法预期存在一定的差距，而司法实践中的现象大多可以溯源至同一个问题：检察官如何通过对案件的审查作出起诉或不起诉的决定，作出的决定是否存在有效的监督和制约机制。笔者认为，作出起诉或不起诉决定的过程也就是检察官在法律授权范围内进行公诉裁量的过程，那么也就意味着上述问题本质上体现为公诉裁量权的实施与制约，而对于权力的制约可进一步概括为：对公诉裁量权"域"与"度"的控制。换言之，通过程序设置，对起诉裁量权与不起诉裁量权进行有效的控制，规范权力的运行，也就成为本书研究的意义所在。

三、理论问题

在法学研究中，理论应当来源于实践并用于指导实践。我国公诉权相关理论中，对于其法定性与裁量性的认识并未达成一致，研究中也存在一定的不足。从现有公诉权与公诉裁量权的诸多理论研究中，我们能够发现有些理论或认识是相互矛盾的，而对于公诉裁量权"域"与"度"的认定，直接影响其程序性控制体系的构建。

关于公诉权概念，理论上的主流观点通常包括以下几种：第一种观点

---

[1] 许政强、张好文：《基层检察权在刑事和解制度中的刚与柔——酌定不起诉制度解读》，《时代金融》2013 年第 10 期。

认为，公诉权是代表国家提请法院追究被告人刑事责任的权力。[1]第二种观点认为，"公诉权是指专门国家机关代表国家依法对刑事被告人提出控诉，要求审判机关追究其刑事责任的一项国家权力"[2]。第三种观点认为，"公诉权是国家通过追诉犯罪而实现的刑罚请求权"[3]。关于公诉权的这些界定容易将公诉权等同于起诉权，实际上公诉权还包括不起诉权、量刑建议权、抗诉权等。就起诉权而言，可进一步分解为起诉审查权与提起公诉权，"起诉审查"是前提与基础，整体而言，审查的结果包括提起公诉与不提起公诉。检察官通过行使提起公诉权请求法官对案件进行裁判，进而影响诉讼的进程。上述关于公诉权的界定代表了理论研究中的主流观点，笔者认为这些观点基本是将公诉权等同于起诉权中的提起公诉权，这容易导致将提起公诉与起诉法定主义画等号，即符合起诉条件的案件都应当提起公诉。事实上，如果将起诉过程比作一条直线，则"审查"为线段，而"决定"为端点，真正推动案件进入审判程序的是检察官提起公诉权的行使。同时，根据我国的立法规定，检察机关提起公诉的条件为"事实清楚，证据确实、充分"，而这是一个原则性标准，由检察官在一定法律框架下，通过对事实与证据的衡量与判断，形成内心确信，进而对是否提起公诉作出自由选择，所以提起公诉权是一种裁量性权力，而非法定性权力。同时，国内理论上通常将不起诉局限于法定不起诉、酌定不起诉与证据不足不起诉三种基本类型，加之否认了法定不起诉与证据不足不起诉中检察官的裁量权，那么就容易得出这样的逻辑推理：公诉裁量权等同于不起诉裁量权，而不起诉裁量权等同于酌定不起诉，进而推导出公诉裁量权就是酌定不起诉权。例如，有学者认为公诉裁量权是指对符合法定起诉条件，但由于犯罪情节轻微可以不起诉的权力，即立法上规定的酌定不起诉权。[4]

　　通过对公诉权与公诉裁量权的现有观点梳理可知，理论研究中存在以下矛盾：一是将起诉权等同于提起公诉权；二是将公诉裁量权等同于酌定不起诉权。将起诉权等同于提起公诉权会使研究陷入这样的局限：一方

---

[1] 徐静村主编：《刑事诉讼法学（上）》，法律出版社 1997 年版，第 220 页。
[2] 朱效清、张智辉主编：《检察学》，中国检察出版社 2010 年版，第 375 页。
[3] 赵永红：《公诉权制约研究》，《中共政法管理干部学院学报》1999 年第 4 期。
[4] 胡志坚：《论公诉裁量权的理性规制》，《人民检察》2004 年第 10 期。

面，忽视了起诉权行使过程中的裁量性，易将其视为一种法定性权力。法定性权力，顾名思义，是指由法律预先设定的"为"与"不为"的强制性权力，完全排除了裁量的空间。另一方面，对于符合起诉条件的案件，就必须遵循起诉法定主义提起公诉，导致大量案件进入审判程序，使得法院不堪重负。起诉法定主义，曾经在大陆法系国家的诉讼发展史上占据重要地位，其目的主要在于通过立法防止国家权力的扩张与滥用，但随着社会的发展，起诉法定的机械性弊端逐步显现，进而催生了起诉便宜主义。在公诉阶段，起诉法定主义与起诉便宜主义是此消彼长的关系，过分强调起诉法定主义，必然影响起诉便宜主义的存在空间。而将公诉裁量权等同于酌定不起诉权，缩小了公诉裁量权的内涵，也造成对其外延的限制性解释。对公诉裁量权的控制进行研究，当然要以公诉裁量权的范畴界定为基石，也就是对公诉裁量权"域"与"度"的把握，否则会对构建科学、合理的控制体系造成极大的障碍。在我国，由于通常认为起诉权是检察官的一种法定性权力，极大地限制了公诉权的可裁量性，加之《刑事诉讼法》第 172 条的规定①，则意味着对符合条件的案件提起公诉既是检察官的权力，也是其义务，法院应当受理，不利于对提起公诉权进行监督、制约；而将公诉裁量权等同于酌定不起诉权，使得对公诉裁量权控制的研究对象局限于酌定不起诉权上。公诉裁量权范畴界定不准确，易导致相关研究的局限性与片面性，后果表现为：对公诉裁量权的控制，最终都归结于对酌定不起诉权控制的研究。本书旨在突破这种局限性，通过对公诉裁量权的重新界定与样态区分，通过深入的剖析，提出关于程序性控制机制的创新性理论，实现从经验事实到理论事实的飞跃。

第二节　公诉裁量权的辨析

裁量权在我国属舶来品，其渊源从西方法制层面上可以追溯到英国衡平法时期，意指法官的裁量权。现代法学理论研究中，"裁量权"却并非

---

① 《刑事诉讼法》第 172 条规定了提起公诉的条件：人民检察院认为犯罪嫌疑人的犯罪事实已经查清，证据确实、充分，依法应当追究刑事责任的，应当作出起诉决定。

独立的、专有的法律术语，具体到刑事诉讼领域，从程序的纵向结构上看，侦、控、审三阶段都存在裁量权的运用；从主体的角度看，警察、检察官及法官亦均有权行使，因此，不同语境下，裁量权被赋予的含义不尽相同。当"公诉"与"裁量权"的语义产生碰撞时，便诞生了公诉裁量权在刑事诉讼理论中的特殊含义。

一、公诉权与公诉裁量权的关系

公诉裁量权概念不是统一的，而是随着制度背景、诉讼模式及界定角度的不同呈现出多样性。《布莱克法律词典》将公共领域自由裁量权分为法官自由裁量权（Judicial Discretion）、行政自由裁量权（Administrative Discretion）、检察官自由裁量权（Prosecutorial Discretion）。其中，"检察官的自由裁量权是指检察官对刑事案件是否作出指控、辩诉交易、量刑建议等合理决定的自由选择权"[1]。这种界定侧重强调公诉裁量权对具体公诉活动的选择自由性。我国关于公诉裁量权也有不同界定，有学者认为，公诉裁量是指检察机关通过审查移送起诉的案件，认为虽然有证据证明犯罪事实成立，符合法定起诉条件，但根据法律的规定可以作出提起公诉、不起诉、暂缓起诉以及起诉后的变更等决定。[2] 该种界定从司法功能的角度反映了公诉裁量的基本特征，与此相对应，公诉裁量权也就可以界定为检察机关行使上述活动的权力。也有学者从价值角度认为，公诉裁量权是指公诉人通过斟酌案件具体情况，在法律规定的范围和幅度内，以公平、正义为价值准绳，依托自己的意志和判断，对案件事实的认定和法律的适用酌情处理的权力。[3] 该种界定更加注重公诉裁量权应有的公平、正义等内在价值。上述观点从不同角度反映了公诉裁量权的内涵。

由于公诉裁量权与公诉权在逻辑上构成种属关系，因而对公诉裁量权的准确界定应当从公诉权的认识入手。在我国，公诉权可以从三个维度进行分析：宏观上，公诉介于侦查与审判之间，起着承上启下的作用，公诉权是与侦查权、审判权并列并且专属检察官的重要权力；中观上，检察机

---

① Bryan A. Garner, *Black's Law Dictionary*, seventh edition, West Group, 1999, p.479.
② 樊崇义等：《刑事诉讼法再修理性思考》，中国人民公安大学出版社 2007 年版，第 365 页。
③ 毛建平：《起诉裁量权研究》，西南政法大学博士学位论文，2005 年，第 36 页。

关除了公诉权以外，还享有批捕权、自侦权等权力配置，公诉权相对于检察机关内部的其他权力而言，是专门行使公诉职能的一项权力；微观上，公诉权自身还可以进一步分解为起诉权、不起诉权、起诉变更权、量刑建议权、出庭支持公诉权以及抗诉权等。由于本书研究的是公诉裁量权的程序性控制问题，因而仅涉及公诉权的微观研究层面，对公诉权的界定也是狭义上的，主要包括人民检察院对公安机关等侦查部门移送起诉的案件，通过审查，决定起诉、不起诉以及起诉后进行变更的权力。起诉权，是检察官通过对案件的审查认为应当交由法院开庭审理，决定起诉，并向有管辖权的法院提起公诉的权力。据此，起诉权实际上还可以再次分解为起诉审查权与提起公诉权。不起诉权，是检察官通过对案件的审查，认为不符合起诉条件或者符合起诉条件但可以不起诉或者依据法律的规定不应当起诉时，决定不起诉的权力。从国内现有立法来看，不起诉包括证据不足不起诉、酌定不起诉、法定不起诉以及 2012 年《刑事诉讼法》确立的附条件不起诉与和解程序中的不起诉。如果对不起诉权进行分解，从广义上讲，除法定不起诉与证据不足不起诉外，[①] 所有不起诉均包含审查与决定两个阶段，审查可被视为裁量的过程，不起诉权进而可分解为不起诉审查权与不起诉决定权。而公诉变更权，是指检察机关对已经提起公诉的案件，在法院判决宣告前，根据案件事实、性质以及被告人等情况的变化，对原起诉决定作出改变、撤回、追加以及补充的权力，与此相对应，公诉变更权可划分为四种基本类型：公诉改变权、撤回权、追加权以及补充权，其中，公诉补充权为我国 2013 年《人民检察院刑事诉讼规则（试行）》中的新增规定。公诉变更权也可以进一步分解为变更审查权与变更实施权。

---

① 根据《刑事诉讼法》第 173 条的规定，犯罪嫌疑人没有犯罪事实，或者有本法第 15 条规定的情形之一的，人民检察院应当作出不起诉决定。法定不起诉的立法规定从广义上理解，包括审查与决定两个阶段，但由于该种不起诉的情形已有明确的规定，检察官的裁量权已受到立法上的极大限制，通常只需在查明事实的基础上对符合条件的案件作出不起诉决定即可。本书主要探讨公诉裁量权的相关问题，因而法定不起诉不在不起诉裁量权的论证范畴之内。关于证据不足不起诉，笔者认为裁量性体现在公诉机关受理案件后对证据的最初审查过程中，与起诉审查权交叉，或者说是起诉审查的另一种结果，因而亦不在本书不起诉裁量权的论证范畴之内。

二、公诉裁量权的图解

通过上述公诉权与公诉裁量权的辨析可知，公诉权既包括法定性权力，也包括裁量性权力，那么厘清二者的关系就成为研究公诉裁量权的前提，因为其中的裁量性权力就是公诉裁量权，对此，通过图示的方式能够更加直观地进行展示。公诉裁量权分解图如图1-3所示。

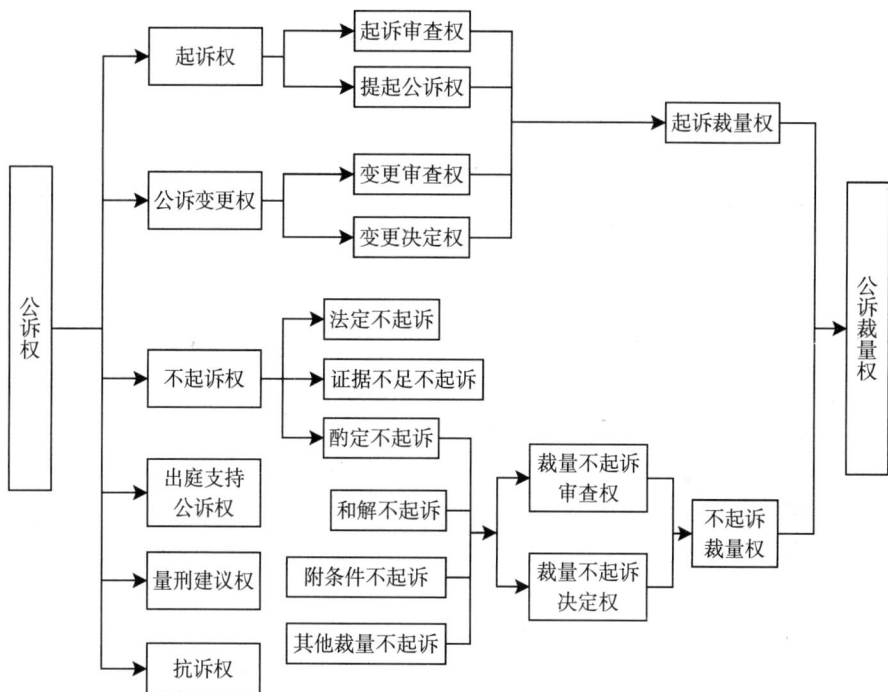

图 1-3　公诉裁量权分解图

从公诉裁量权分解图中可以清晰地看到，公诉权中的起诉权、公诉变更权属起诉裁量权①，不起诉权中除了法定不起诉、证据不足不起诉之外，只有酌定不起诉属不起诉裁量权，因此，不起诉裁量权包括现有立法中规定的酌定不起诉、和解不起诉和附条件不起诉，以及未来可能出现的其他

---

① 关于公诉变更权，由于案件已进入审判程序，是在起诉权基础上的延伸，因而笔者将其归入起诉裁量权的范畴。

裁量不起诉。整体而言，公诉裁量权包括起诉裁量权与不起诉裁量权两部分。起诉裁量权与不起诉裁量权都包括"审查权"，体现在对案件具体情况的审查与价值判断过程中，而这也正是裁量权作用的范畴，即公诉裁量权的"域"，换言之，检察官只能在该范畴内行使裁量权。

三、公诉裁量权的界定

由图 1-3 可知，起诉权、除法定不起诉与证据不足不起诉之外的不起诉权以及公诉变更权，实质上均为裁量性权力。据此，笔者认为，公诉裁量权，是指检察机关对于移送起诉的案件，通过证据审查并结合个案情况，在法律授权范围内，酌定作出起诉或不起诉决定以及起诉后进行变更的权力。从公诉裁量权的概念可以发现，公诉裁量权有三个基本特征：一是检察官根据侦查结果全面审查案件，并对个案具体情况综合考虑的过程具有裁量性，是决定作出的预备阶段及必经程序；二是公诉裁量权是一种决定权，其运用的结果表现为不起诉、提起公诉以及起诉后的变更，如撤回起诉、追加起诉等，与此相对应，公诉裁量权可分解为三种具体的权能，即起诉裁量权、不起诉裁量权以及起诉后的变更裁量权；三是公诉裁量权必须在国家预设的法律框架下运行，而法律框架则是由相应的法律规则、原则及刑事政策共同组成。检察官在法律框架下能够对案件进行裁量的程度，可以被称为公诉裁量权的"度"，本质上要符合程序正义的基本要求，体现司法的公正。可见公诉裁量权实际上包括起诉裁量权、不起诉裁量权。

裁量本质上也是一种价值判断，具体到审查起诉活动，符合一定条件下的起诉与不起诉皆属检察官价值选择的结果。从这个角度而言，公诉裁量权又体现为检察官通过公诉审查在法律规定的范围内对案件程序性与实体性处理方式的选择权，包括裁量起诉、裁量不起诉以及裁量变更。那些将公诉裁量权仅局限在裁量不起诉的观点值得商榷。

第三节　公诉裁量权的运行样态划分

基于上述分析，结合对于诉讼进程的影响，笔者将公诉裁量权的运行划分为两种基本样态：起诉裁量权与不起诉裁量权，实际上，这两种运行样态，正如一枚硬币的两面，是公诉裁量权的两种不同表现形式，对我国的公诉裁量权及其程序性控制展开研究，以此为主线，能够更具针对性。

一、起诉裁量权的运行样态

"起诉裁量权是检察官认为案件存在足够的犯罪嫌疑，且符合法定起诉条件，从而决定提起公诉的权力，是检察官享有的最基本的裁量权。"[1] 各国普遍规定了提起公诉的条件，通过设立的证据标准、程序性规定以及对公共利益的考量等规范检察官的起诉行为，公诉审查本身就是检察官对这些因素的综合衡量和价值选择的过程，最终作出的起诉决定也就成为裁量的结果。"公诉裁量作为一个过程，其最终结果里，提起公诉是最为基本的形式，且不论在起诉法定抑或便宜主义模式里，提起公诉总是占据较大的比例。"[2] 可见，提起公诉权是起诉裁量权的主要表现方式。除此之外，从广义上讲，公诉变更权是提起公诉权在审判阶段的延伸，基于本书研究的体系化，也将其归入起诉裁量权的范畴，包括公诉改变权、撤回权、追加权以及补充权。

二、不起诉裁量权的运行样态

不起诉是公诉机关对于未达到起诉条件、无起诉必要或者立法明确规定的案件，经过公诉审查，决定不再提交法庭审判而终止诉讼程序的活动。不起诉具有以下基本特征：从主体上看，不起诉决定是由公诉机关作

---

① 蔡巍：《检察官自由裁量权比较研究》，中国检察出版社 2009 年版，第 51 页。
② 苏琳伟：《公诉裁量研究——从现象到制度的考察》，中国法制出版社 2014 年版，第 175–178 页。

出，在我国为检察机关；从诉讼进程上看，不起诉是在侦查程序结束后、审判程序开始之前作出，公诉机关经过审查，对符合条件的案件作出不起诉决定；从不起诉的适用范围来看，不起诉适用于未达到起诉条件、无起诉必要或者立法明确规定不起诉的案件；从不起诉的法律后果来看，诉讼进程终止而不再进入正式审判程序，被追诉人被免予刑事处罚。不起诉的概念也体现了其类型划分，纵观各国的不起诉制度，基本可以划分为法定性不起诉与裁量性不起诉两种基本类型，划分的主要依据是不起诉决定是否是检察官自由裁量的结果。

法定性不起诉是不应当被起诉，裁量性不起诉是无起诉的必要。相对于法定性不起诉侧重于不起诉的实体意义而言，裁量性不起诉的程序意义更加明显，通过对各种利益的权衡，检察官运用公诉裁量权实现对诉讼程序的分流，过滤掉那些无起诉必要的案件，使其不再占用有限的审判资源。如此一来，对"无起诉必要"标准的把握，决定了裁量性不起诉的案件范围，进而决定了检察官运用公诉裁量权进行程序分流与案件过滤的效果。假设标准定得过严，难以实现理想的效果；标准定得过宽，又容易放纵犯罪，这也体现了公诉裁量的"度"。综合衡量，案件是否有起诉的必要，有两个考量的基点：一是个案情况，即案件本身的特殊因素，既包括主体的特殊因素，例如未成年人犯罪，主观恶性小等，也包括情节的特殊因素，例如被胁迫犯罪，社会危害性小等，这些因素的存在能够降低甚至消除刑罚的必要性，不起诉或者通过其他公诉替代措施处理，更有利于个别正义的实现。二是审判的实际意义，对于那些被判决宣告无罪或免予刑事处罚的案件，检察官完全可以通过不起诉的方式在审前过滤掉。因而，在刑事诉讼中，相对于提起公诉而言，检察官通过行使不起诉裁量权，对符合条件的案件作出不起诉决定，能够起到缓解审判压力，保障被起诉人的诉讼权利，促进矛盾化解及社会和谐等多重作用，某种程度上可以称为刑事诉讼程序的"调节器"。综观西方国家检察官作出裁量不起诉决定的原因是多方面的，可以是基于案件本身的考虑，也可以是基于行为人因素的考虑，还可以是基于其他利益的考虑，因而不起诉裁量权的表现方式也具有多样性，例如：罪行轻微不起诉、辩诉交易不起诉、污点证人不起诉等。以污点证人不起诉为例，德国为有力打击恐怖活动犯罪，于 1989 年首次适用污点证人豁免不起诉的做法，取得了显著成效，此后逐步将污点证人豁免不起诉扩展至有关毒品、卖淫等严重有组织犯罪的追诉中。由此可见，裁量不起诉是个开放性而非闭合性系统，随着社会的发展和犯罪形势的变化必然会呈现出更多的表现方式，这也就意味着未来我国关于不起诉的立法不会仅限于目前的几种类型。

根据我国现有立法上对不起诉的相关规定①，理论上一般将不起诉划分为证据不足不起诉、酌定不起诉与法定不起诉三种基本类型。如果以不起诉决定"是否是检察官自由裁量的结果"这个标准来划分，那么不起诉也可以划分为"非裁量性不起诉"与"裁量性不起诉"两大类，其中，法定不起诉是基于法律的预先规定而排除了检察官的自由裁量，属"非裁量性不起诉"范畴；酌定不起诉是在案件达到起诉标准的情况下，检察官基于综合考虑认为没有必要起诉而作出的不起诉决定，属典型的"裁量性不起诉"，是不起诉裁量权的主要表现方式之一。关于我国立法上规定的证据不足不起诉，由于我国起诉证明标准过于原则化，证据是否充足本身就蕴含了检察官的价值判断，虽然体现了一定的裁量性，但是关于证据是否充分的裁量，更多的是体现在起诉裁量权的行使过程中，因为起诉审查的重点就是对证据的审查。2012年《刑事诉讼法》新增加了针对未成年人的附条件不起诉以及和解程序中的不起诉，加上酌定不起诉，因而现阶段我国检察官的不起诉裁量权主要体现在这三种制度中。从不起诉裁量权的本质及西方国家的经验来看，不起诉裁量是个开放的体系，我国未来一定会有更多的制度体现，而非仅局限于现有的三种。以污点证人豁免不起诉为例，事实上我国在司法实践中也存在这样的做法，主要适用于一些作案手段隐蔽、取证困难、社会危害性大的案件，例如毒品犯罪、贿赂犯罪等。对积极提供证据、协助犯罪追诉的"污点证人"可以不起诉，也是依据我国相应的刑事司法政策给予的从宽处理。在贿赂案件中，犯罪通常发生在　对　的情形中，取证困难，由于受贿罪的社会危害性比行贿罪更严重，为追诉受贿者的刑事责任，检察官往往会对行贿者予以从宽处理，甚至是不起诉，以获取相关证据。此外，在某些共同犯罪中，对于能够揭发、证明主犯罪行的从犯，也存在不起诉的情形。②但是，无论裁量不

---

① 第173条规定了法定不起诉与酌定不起诉的条件，分别为：犯罪嫌疑人没有犯罪事实，或者有本法第15条规定的情形之一的，人民检察院应当作出不起诉决定。对于犯罪情节轻微，依照刑法规定不需要判处刑罚或者免除刑罚的，人民检察院可以作出不起诉决定。

② 周长军：《刑事裁量权论——在划一性与个别化之间》，中国人民公安大学出版社2006年版，第321页。

起诉的理由是什么，或者说具体制度体现如何，对诉讼程序的最终意义是相同的，那就是案件在刑事诉讼程序中被过滤或分流，不再进入正式审判程序。

第四节　公诉裁量权的程序性控制体系

美国学者丹尼斯指出，如果权力关系是必需的，也许会被描述成必需的邪恶。主要是由于权力存在滥用的可能，使其从合法领域扩大到其他领域，甚至为任何集体、任何个人的目的服务。[①] 公诉裁量权本质上是检察官拥有的一项犯罪追诉决定权，但同时也融入了检察官的个人意志，由于能够"为任何集体、任何个人的目的服务"，极易发生权力的滥用，进而造成诸如侵犯当事人的诉讼权利、权力寻租、程序倒流等违背司法正义的情形。因而，必须对公诉裁量权进行必要且有效的控制，否则权力一旦失去制约，便如同脱缰的野马，非但不能起到制衡审判权与侦查权的作用，而且会对诉讼程序造成不可逆转的危害后果。那么，将公诉裁量权控制在何种程度为宜？与这个问题相伴而生的是立法上应当赋予检察官多大的公诉裁量权？假设立法上赋予检察官的裁量权本身就较小，再进行过于严格的控制，则与"裁量"的应有之义相冲突，不利于在刑事诉讼程序中充分发挥其作用；假设立法上赋予检察官的裁量权过大，又缺乏必要的制约，权力的滥用则将成为常态。因而，公诉裁量权的程序性控制力度与检察官裁量权的大小是相辅相成的共生关系，程序性控制以立法上的赋权为前提，赋权大则控制严格，赋权小则控制相对宽松，因为赋予检察官裁量权的大小，本质上已经就是立法控制的体现。从实践的角度而言，公诉裁量应当遵循的基本原则是："以符合法定要件为前提，以不越权及不滥用为界限，并受恣意禁止原则约束。"[②]

当今世界范围内各法治国家的公诉裁量权普遍呈扩大趋势，这足以显示出其在现代公诉制度中的重要性。同时，由于公诉裁量权是建立在检察

---

① ［美］丹尼斯·H.朗：《权力论》，陆震纶、郑明哲译，中国社会科学出版社2001年版，第292页。
② 林钰雄：《检察官论》，台湾学林文化事业有限公司1999年版，第53页。

官自由裁量的基础上，不可避免会出现国家公权力的滥用，权力的监督与制约等问题也成为理论研究与司法实践中的重点。

一、程序性控制的对象

公诉裁量权的程序性控制对象是检察官在公诉程序中的裁量权，通过相应的程序设置防止权力的滥用。但何谓公诉裁量权滥用？实践中的表现形式呈多样化，理论上也没有统一的界定与标准，有学者将其视为狭义的公诉权滥用，"是指公诉机关以外表合法的形态掩盖非法或者不当目的和利益的行为，如在没有新的事实证据的情况下多次提起公诉、滥用存疑不起诉权等"。[①] 但从总体来看，公诉裁量权滥用一般具备两个基本的构成要件：客观上超越了起诉或不起诉法律允许的裁量界限；主观上存在检察官滥用裁量权的故意。认定公诉裁量权滥用时，这两个要件缺一不可，客观要件是前提，主观要件是补充，那么对于因检察官业务水平有限导致的错误决定，因其并不具有滥用裁量权的主观要件，也就不应认定为裁量权滥用，这一点在实践中尤为重要。

由于公诉裁量权滥用是一个开放性概念，在实践中的表现形式具有多样性，各国的认定标准也不统一，并且随着程序正义理论的不断完善与发展，其表现形式也会更加多元化。公诉裁量是在检察官行使公诉权的过程中，在个人思维主导下诉与不诉的选择过程，由于个体的差异，即使面对同样的情况也可能出现结果上的不统一，外化为"同案不同诉"的执法不公，导致无法给社会公众一个合理预期，影响了公诉裁量权功效的发挥。同时，由于公诉裁量权是公诉权的衍生性权力，公诉权滥用与公诉裁量权滥用是包含与被包含的关系，因此，公诉裁量权滥用从广义上来说都属于公诉权滥用的范畴，那么如何将公诉裁量权的滥用从公诉权的滥用中剥离出来也成为本书研究的前提。基于本书的研究内容，笔者将公诉裁量权滥用与公诉权滥用的本质区别概括为：是否超越了法律允许的裁量范围。

对公诉裁量权滥用的考察要依托公诉权滥用的理论研究基础。有学者对域外公诉权滥用进行了理论上的概括，[②] 将其划分为违反实体条件的滥

---

① 黄豹：《刑事诉讼中公诉权之滥用及其规则》，《武汉科技学院学报》2010 年第 6 期。
② 谢小剑：《公诉权制约制度研究》，法律出版社 2009 年版，第 69–108 页。

用、违反程序条件的滥用与违反裁量权的滥用三种基本形态。其中，违反实体条件的滥用包括对非犯罪事实的起诉、超越裁量权的起诉与不符合公诉证据标准的起诉；违反程序条件的滥用包括对丧失国家刑罚权的案件起诉、重复起诉、违反迅速审判原则的起诉、违法诱惑侦查的起诉等；违反公诉裁量权的滥用包括歧视性起诉、报复性起诉及轻微犯罪起诉。这种划分的标准是公诉权滥用违反的条件或授权范围。如果以程序性结果为标准划分，则可以分为起诉权滥用与不起诉权滥用。结合前述关于起诉裁量权与不起诉裁量权的基本样态划分，那么可在公诉权滥用基础上对公诉裁量权滥用作进一步划分，将其概括为两种基本形态：起诉裁量权的滥用与不起诉裁量权的滥用。

公诉裁量权滥用基本形态之一：起诉裁量权的滥用。理论上可以将起诉裁量权的滥用概括为检察官利用起诉裁量权对不符合起诉条件的案件提起公诉或者进行选择性起诉、报复性起诉等，以及对已提起公诉的案件任意撤回、变更、追加及补充起诉的行为。起诉裁量权滥用的危害后果直接体现为对被追诉人权利的侵犯、法院审判压力增大、司法资源的浪费以及诉讼程序的混乱等，从根本上背离了程序正义。如果将上述"不应当起诉而起诉"情形确立为起诉裁量权的滥用，那么"不必要起诉而起诉"的情形是否也可以划归起诉裁量权滥用的范畴？换言之，检察官对于事实清楚、罪行轻微、应当酌定不起诉的案件提起公诉是否属起诉裁量权的滥用？这个问题在我国尚无定论，但在日本，学理上将公诉权滥用划分为无嫌疑起诉、应判酌定不起诉的起诉以及根据违法侦查的起诉三种基本类型。[①] 其中，应判酌定不起诉的起诉"是指基于目的性考量，对应当免予起诉的案件予以起诉，就是典型的起诉裁量权滥用形态"。[②] 笔者认为，结合我国审前分流机制的弱化及审判压力过大等实际情况，可以借鉴日本的经验，但要进行必要的程序性控制，防止矫枉过正。

基于起诉裁量权滥用导致的种种危害后果，如何通过程序性设置实现对权力的控制，防止其滥用也就成为研究的重点。由于起诉裁量权滥用形态的多样性，在此难以逐一进行深入研究，笔者仅选取提起公诉与撤回公诉作为研究的对象，以此为范例分析我国在起诉裁量权方面存在的问题并

---

① ［日］田口守一：《刑事诉讼法》，刘迪等译，法律出版社 2000 年版，第 117 页。
② 周长军：《刑事裁量权规制的实证研究》，中国法制出版社 2011 年版，第 48 页。

提出程序性控制措施，主要基于三个方面的考虑：首先，立法与实践中对提起公诉与撤回公诉的制约措施较少，由此导致滥诉，不仅造成冤假错案等严重侵犯人权的后果，也造成审判压力的增大与司法资源的浪费，而理论研究上也属于薄弱环节；其次，这两种起诉权滥用形态在实践中较为普遍且属于具有典型性的"顽疾"；最后，笔者是从诉讼进程的宏观角度对公诉裁量权展开研究，提起公诉与撤回公诉直接影响整个刑事诉讼程序。

公诉裁量权滥用基本形态之二：不起诉裁量权滥用。不起诉裁量权的滥用可以概括为检察官利用公诉裁量权对不符合不起诉条件或适用其他公诉替代措施的案件决定不予起诉的行为，简言之，不起诉裁量权的滥用是对应当提起公诉的案件不提起公诉。不起诉裁量权滥用最直接的危害后果是放纵犯罪，侵犯被害人的权利，同时也容易诱发权力寻租等司法腐败。近年来，随着个别正义的实现、刑罚理念的转变及对诉讼效率的要求，扩大检察官的不起诉裁量权已成为世界范围内的整体趋势。相对于其他法治国家而言，我国检察官的不起诉裁量权较小，加之司法实践中的种种制约，未能发挥其应有的作用，但这并不意味着不起诉裁量权滥用在我国不存在。

二、程序性控制的方式

由于公诉裁量权存在种种滥用的可能性，必须对其进行相应的控制。目前我国及世界其他国家都采取了多种措施控制裁量权的滥用，根据不同的情况分别用以制约检察官的起诉裁量权与不起诉裁量权，总体而言，这些措施可以概括为以下几种模式。

1. 司法审查模式

通过预审程序的设置控制检察官的起诉裁量权，通常由法官对提起公诉的案件进行审查，将证据不足、不符合公诉条件的案件排除于审判程序之外，防止恶意起诉侵害被追诉人的合法权利，并且避免审判资源的浪费，体现了审判权对公诉权的制约。基于无罪推定及人权保障，无论是在检察官裁量权较大的英美法系国家，还是在检察官裁量权相对较小的大陆法系国家，相对于不起诉裁量权而言，各国都对起诉设立了更为严格的司法审查机制，以防止检察官起诉裁量权滥用。实践证明，司法审查在西方国家是最主要，也是最为有效防止公诉裁量权滥用的控制措施，但在我国却是空白。

2. 权利（力）制约模式

权利（力）制约模式主要是针对检察官不起诉裁量权的滥用，立法上赋予被害人、侦查机关、被不起诉人及其他利益相关人提出异议、进行复议、申诉甚至直接启动审判程序的不起诉裁量权控制方式，既包括公民权利对公诉裁量权的控制，也包括国家公权力对公诉裁量权的控制。对于权利（力）制约的具体措施，各国规定不尽相同，例如德国赋予了被害人强制起诉制度：对于检察官的不起诉决定，在符合一定条件的前提下，被害人可以申请法院强制检察官提起公诉。在美国的一些州也赋予了被害人对检察官的不起诉决定申请司法审查的权利，"当检察官拒绝提起指控时，被害人可以通过上诉要求法院审查不起诉决定。如果法院裁定应当提起指控，则指定一名专门检察官对案件进行监督"。[1]我国对于不起诉裁量权也设立了相应的监督制约机制，根据《刑事诉讼法》的相关规定，这种权利（力）制约主要来源于三个方面：一是公安机关的复议、复核权；二是被害人的申诉与自诉权；三是被不起诉人的申诉权。

3. 内部体制制约模式

内部体制制约模式是指在"检察一体化"组织机制下，检察机关内部对审查起诉活动过程的监督与制约。内部体制制约的对象是检察官的审查起诉活动，审查起诉主要是控诉机关的一种自我制约机制，是通过程序的自组织性来实现对公诉权的约束。[2]而"检察一体化"的制度特征主要体现在三个方面："上下级检察机关和检察官之间存在着上命下从的领导关系；具有职能协助的义务；职务上可以发生相互继承、转移和代理关系。"[3]在这种机制下，上级检察官可以通过发布指令的方式，对下级检察官的审查起诉活动进行监督与纠正，保障公诉裁量权行使的合法性与一致性。大陆法系国家的检察制度具有"检察一体化"的典型特征，上级检察官不仅能够通过内部制约机制监督、规范下级检察官公诉裁量权的行使，也可以统一起诉标准。例如在德国，对于裁量不起诉的案件，要求检察官

---

① ［美］爱伦·豪切斯泰勒·斯黛丽、南希·弗兰克：《美国刑事法院诉讼程序》，陈卫东、徐美君译，中国人民大学出版社2002年版，第220页。

② 陈海锋：《刑事审查起诉程序正当性完善研究》，法律出版社2014年版，第25页。

③ 孙谦：《中国特色社会主义检察制度》，中国检察出版社2009年版，第278-279页。

将不起诉理由在案卷封面中简要注明，这不仅利于上级检察官的监督，也会成为当事人上诉的依据；对于决定起诉的案件，内部审查批准机制能够约束检察官的起诉裁量权。同时，通过对起诉或不起诉理由的分析，上级检察官可以据此制定统一的起诉政策。英美法系国家的检察机关不是"检察一体化"的组织结构，以美国为例，联邦、州及州以下的地区都设有彼此独立的检察官办公室，虽然相互之间不存在隶属关系，但在同一个检察官办公室内实行检察官负责制，① 这有利于通过相对统一的公诉标准、政策来约束检察官的公诉裁量权。我国也实行"检察一体化"的工作机制，审查起诉实行内部审批制度并受上级检察机关的监督，以此约束检察官的公诉裁量权。但值得注意的是，在我国公诉审查过程中，对起诉与不起诉进行了区别对待，起诉可以"一路绿灯"，而不起诉的内部制约却非常严格，有悖于无罪推定的基本原则，不起诉裁量权在司法实践中受到过度限制。

4. 外部监督模式

外部监督模式，即公众与社会组织的监督，各国的具体表现形式不同。较有代表性的如美国负责起诉审查的大陪审团制度，日本监督不起诉的检察审查委员会，英国对公诉活动进行一般监督的皇家检察院督察团等。同时，一些行业组织对规范检察官自由裁量权的行使也起到重要作用，例如美国的律师协会、检察官协会等。我国也规定了人民监督员制度。

5. 评价指引模式

评价指引模式主要是指通过检察机关制定的公诉标准来指导、规范检察官的公诉裁量权。西方国家一般称为起诉指南，例如英国的《起诉指南》(*the Guidance on Charge*)、美国的《联邦检察官手册》等。尽管起诉指南没有法律的强制力，但对检察官行使自由裁量权有很强的指导性意义，因而得到检察官的自觉遵守。我国检察机关也制定了《人民检察院办理起诉案件质量标准》、《人民检察院办理不起诉案件质量标准》，分别用以规范起诉裁量权与不起诉裁量权的行使。除此之外，各国的刑事司法政策与判例

---

① 美国各州、地区的检察官其实类似于我国的检察长，每个检察官办公室只有一个检察官，其他则称为助理检察官，即聘请的政府律师，助理检察官以检察官的名义行使公诉权，并受检察官的领导。大多数检察官是通过选举方式产生的，当然也有通过任命方式产生的。

或指导性案例也以评价指引的模式控制公诉裁量权的行使。

通过上述对公诉裁量权控制模式的简要分析可知，有些措施能够通过程序上或制度上的设置，直接影响诉讼的进程，属公诉裁量权的"程序性控制"范畴，如司法审查模式、权利（力）制约模式；有些措施对诉讼的进程起间接性的影响作用，属公诉裁量权的"非程序性控制"范畴，例如评价指引模式是通过制定公诉政策、发布指导性案例等"准立法"方式控制检察官的公诉裁量权；而对于外部监督模式要进行区别，能够通过程序上或制度上的设置直接影响诉讼进程的属公诉裁量权的"程序性控制"，如大陪审团制度，而对公诉裁量权仅具有指导、引导、建议作用的监督方式则为"非程序性控制"。至于内部体制制约模式，笔者认为是公诉裁量权在检察机关内部的运行机制，或者说自我监督，本质上并不属于权力控制的范畴。由于本书是从诉讼程序的宏观视野对公诉裁量权展开研究，"程序性控制"与"非程序性控制"的基本分类也确立了研究的范围：本书研究的是公诉裁量权的"程序性控制"。

三、程序性控制的目标

对公诉裁量权进行程序性控制的根本目的体现在两个方面：一是维护裁量权在合理范围内的良性运转，充分发挥其作用；二是控制权力的滥用，既包括事前预防，也包括事后救济。事前预防旨在最大可能地阻止侵权事件发生，而事后救济则旨在对前者实际未能阻止发生的侵权事件予以补救；事前预防与事后救济是社会公权力法律规制的有机统一体，二者不可偏废。[1] 换言之，程序性控制的整体目标是通过程序设置，在保障公诉裁量权充分发挥作用的同时防止其滥用，而一旦出现权力滥用的情形，又能够采取相应的救济措施以弥补。

要实现公诉裁量权程序性控制的整体目标，必须根据实施中的具体状况对起诉裁量权与不起诉裁量权进行分类研究。对于起诉裁量权的程序性控制而言，针对我国起诉率过高、滥诉问题严重的实际情况，应当着重对不当起诉进行程序性控制。而对于不起诉裁量权的程序性控制而言，首先

---

① 徐靖：《诉讼视角下中国社会公权力法律规制研究》，法律出版社 2014 年版，第 93 页。

要以裁量权的扩大为前提，并在此基础上对权力的控制进行研究。尤其是近年来随着"能动司法"①在我国逐步兴起，中国语境下的能动司法被赋予了丰富的内涵。"能动司法，简而言之，就是要发挥司法的主观能动作用，积极主动地为党和国家工作大局服务，为经济社会发展服务……服务性、主动性、高效性是能动司法的三个显著特征。"②扩大检察官的公诉裁量权与能动司法形成一种契合，充分发挥检察官在公诉阶段的能动作用，通过对案件的分流与过滤，能够彰显司法的主动性与高效性。权力扩大的同时也隐藏着滥用的危机，因而对于不起诉裁量权的程序性控制，不仅应着眼于当前的立法与实践层面，更要以扩大后的不起诉裁量体系为基础进行前瞻性研究。

---

① 能动司法是源自西方国家的司法能动主义（Judicial Activism），本质上是违宪审查的方式。根据《布莱克法律词典》的解释，"是指一种司法裁判哲学，法官被允许用自己的观点、经验等指导裁判"。转引自李斌:《能动司法与公诉制度改革》，中国人民公安大学出版社2012年版，第4页。
② 时任最高人民法院院长王胜俊于2009年8月29日在江苏省高级人民法院调研座谈会上的讲话。

第二章　公诉裁量权运行的理论透视

对公诉裁量权程序控制的研究应当从对公诉裁量权的全面认识及其理论基础入手，笔者将其概括为公诉裁量权的理论透视，不仅包括对公诉裁量权的属性、价值及功能的综合论证，也包括对公诉裁量权的理论基础、基本原则及影响因素的全面分析。

第一节　公诉裁量权的属性

在法学理论研究中，对于研究对象基本属性的认识与把握是对其进行深入研究的前提。具体到公诉裁量权，国内现有理论多集中在权力的实施与制约等具体措施上，如果在相关基础性理论研究不充分，甚至还存在较大争议的情况下，过度关注对策性研究，极易导致研究的偏差。公诉裁量权在刑事司法中不是与侦查权、公诉权及审判权处于同一位阶的独立性权力，而是在公诉权基础上派生的权力，公诉裁量权属性的研究无法完全脱离公诉权与检察权的范畴，但是，目前关于公诉权及检察权的属性定位还存有争议，从而直接影响对公诉裁量权属性的认识。因此，在现有理论研究的基础上，以多维视角重新定位公诉裁量权的属性是非常必要的。基于公诉裁量权兼具公诉权与裁量权的双重内涵，公诉权及其可裁量性是进行公诉裁量权属性研究的两个基点。同时，公诉裁量权虽然在现代刑事司法程序中的地位愈加凸显，但由于各国的政治制度、法律理念与司法框架等影响因素的不同，导致其具体表现形式也存在差异，因此，以比较法研究的宏观视角对公诉裁量权的起源及历史发展脉络进行梳理与分析，有利于把握其本质属性。笔者通过权力基础维度之辨析、历史发展维度之考证及可裁量性维度之探究，进而全面揭示公诉裁量权的本质属性。

一、权力基础维度之辨析

公诉权是公诉裁量权的基础性权力，换言之，公诉裁量权是在公诉权基础上产生的一种派生性权力，因而公诉裁量权与公诉权只具有相对的独立性。现代检察制度是以公诉权为核心建立发展起来的，从权力的位阶来看，检察权、公诉权与公诉裁量权存在上下位关系，其本质属性是一脉相承的。当然，三者的属性并非完全重合，公诉裁量权作为一项具体权力有着特殊的表现形式，但就其基本属性而言脱离不了公诉权与检察权的基本范畴，从公诉权、检察权的角度进行分析，有利于把握公诉裁量权的本质属性。

关于检察权的性质，存在四种学说的争论：其一，司法权说。这种观点主要产生于法、德国家，认为检察官与法官同质但不同职，均是在司法领域行使职权，强调检察官的司法属性是为排除行政权对司法的干预，保证检察官的独立性。其二，行政权说。一些英美法系国家根据"检察一体化"原则及检察机关的组织体制，认为检察权本质上属于行政权。其三，行政司法双重性说，即兼具上述两种学说。认为检察权具有行政权与司法权的双重属性。其四，法律监督权说。认为"检察权虽然在某些内容和运作方式的某些方面兼具行政性与司法性，但这都是检察权局部的、从属性的、次要方面和非本质特征，其本质特征是法律监督权，社会主义国家检察权的体现尤为明显"[①]。就我国而言，关于检察权属性的争论很大程度上源于检察院法律监督机关的宪法定位与刑事司法程序中公诉职能的发挥之矛盾，上述几种学说都是检察权属性在特定方面的具体体现，不能以偏概全，更不能仅局限于某一方面而否定其他，从本源上讲，公诉裁量权也兼具上述特性。

公诉权作为检察权的重要组成部分，主要体现为代表国家追诉犯罪的权力，公诉权的属性首先体现为一种国家权力，具有专属性，因而权力的运行应当受到严格的约束，既要保障有效实施又要防止其滥用。其次，公诉权是由特定机关代表国家行使的权力，不同于私诉，体现了国家追诉的

---

① 徐显明等：《外国司法体制若干问题概述》，法律出版社 2005 年版，第 124–128 页。

性质，公诉能够有效地弥补私诉对于公民权利保护的有限性。[①] 最后，公诉权是通过提起诉讼并请求审判机关对犯罪行为进行审判的权力，具有司法请求权的性质，本质上也是诉权的一种，公诉权与其他诉权的一个重要区别是：相对于其他诉权只有积极行使时才会受到规范而言，法律对公诉权进行双向调整，包括公诉权积极行使的调整与消极行使的调整两方面。据此可将公诉权分为积极公诉权和消极公诉权，也就是起诉权与不起诉权。[②] 有学者从诉权的角度认为，公诉权与私诉权之间的差异不大，都是诉权主体提出控诉要求法院对案件进行裁判的权力，唯一的区别是行使主体一个姓"公"，一个姓"私"。[③]

检察权与公诉权是公诉裁量权的上位权，通过上述权力基础维度之辨析，公诉裁量权的属性可简要概括为：具有诉权与国家追诉权的双重属性，并且基于专属性及滥用可能而应当进行规制的公权力，在职能行使方面具有司法性特征，在组织原则及体制方面具有行政性特征，而法律监督则是其根本任务之体现。

二、历史发展维度之考证

通过对公诉裁量权之权力基础的辨析可知，考证公诉裁量权的历史发展脉络应以检察制度及公诉权的源起为基点。通说认为，现代检察官制度诞生于法国 1789 年大革命时期，1808 年《拿破仑治罪法典》予以正式确立，并逐步传播至欧洲大陆及世界各地。在当时的欧洲大陆，盛行纠问式诉讼，但是其弊端随着社会的进步日益显现。以公诉权为核心的现代检察制度旨在摒弃纠问式诉讼的弊端，通过分权模式实现检察官与法官的相互制衡，保障审判的客观性与公正性。我国公诉制度的最初确立是在清宣统年间，通过效仿日本，间接引入德意志的立法体例而构建的，因而具有大陆法的传统特征。英美法系国家则延续了弹劾式诉讼的特点，建立了当事人主义模式，在将控辩双方视为平等当事人的诉讼构造中，公诉权即使由专门的国家机关行使也被视为当事人的诉权，因此，公诉制度不及大陆法系

---

① 刘根菊等：《刑事诉讼程序改革之多维视角》，中国人民公安大学出版社 2006 年版，第 194 页。
② 宋英辉、吴宏耀：《刑事审判前程序研究》，中国政法大学出版社 2002 年版，第 285－288 页。
③ 谢佑平、万毅：《刑事诉讼法原则：程序正义的基石》，法律出版社 2002 年版，第 436 页。

国家发达。以英国为例,除苏格兰沿袭法国的法律传统外,就其他地区而言,1985年《犯罪起诉法》的颁布才标志着建立起以公诉为核心的现代检察制度。公诉权在大陆法系国家与英美法系国家的不同历史演变也影响着公诉裁量权在现代刑事司法制度中的发展。

基于程序法与实体法的相互依存关系,公诉裁量权的发展脉络与刑罚目的的历史变迁息息相关。刑罚目的论经历了从报应主义到功利主义再到折中主义的转变,产生的现实影响是刑罚逐步趋于理性、非犯罪化与轻刑化。[①] 在西方近现代刑罚学史上,所有的刑罚理论之争都可以归结为刑罚根据之争,也就是报应论、一般预防论与个别预防论之争。[②] 不同刑罚目的论主导下的公诉裁量权发展不一:报应主义下,公诉裁量权被遏制;功利主义下,尤其从个别预防的角度,要求赋予检察官一定的公诉裁量权;折中主义下,公诉裁量权得到进一步的发展。总体而言,大陆法系国家公诉裁量权在刑罚目的转变过程中经历了被遏制、复苏及兴起的不同历史阶段。在英美法系国家,由于公诉权被视为可以由当事人进行处分的诉权,公诉裁量权得以延存,发展至今,检察官拥有较大的公诉裁量权。

历史发展的不同脉络使得公诉裁量权在大陆法系国家与英美法系国家形成了不同的进路。从宏观上看,英美法系国家的公诉裁量权从一种现象逐步被制度化,而公诉裁量权在大陆法系国家也随着起诉便宜主义的确立逐步被接受,从被排斥走向被接纳,并显示出其旺盛的生命力。[③] 公诉权与刑罚目的论的发展演变对公诉裁量权的属性产生了重要的影响,公诉权的源起是基于权力制衡的根本动因,而刑罚目的的转变则使公诉裁量权的产生成为可能,从该角度来说,公诉裁量权兼具有权力制衡与轻刑罚化之属性。

三、可裁量性维度之探究

公诉裁量权意味着公诉权具有一定范围内的可裁量性,由此引申出一个问题:这种裁量的理论基础是什么?刑事裁量权的理论基础在宏观上可

---

① 报应主义强调有罪必罚,认为犯罪人必须接受刑罚才能弥补其犯罪行为造成的危害,实现人类报复情感的满足;功利主义强调刑罚的合目的性,注重其教育功能及矫治功能;折中主义则强调报应主义与功利主义各自优点的融合。
② 邱兴隆:《刑罚的哲理与法理》,法律出版社2003年版,第290页。
③ 苏琳伟:《公诉裁量权研究——从现象到制度的考察》,中国法制出版社2014年版,第38页。

以从两个方面进行回答：一是哲学基础，大陆法系与英美法系有着不同的哲学基础，二者的不同集中体现在欧洲大陆理性主义与英美国家经验主义之争。理性主义是将人类的理性在法律中进行无限夸大，包括对立法者能力的夸大，将法律视为完美无缺的，将立法者的能力夸大为能够制定这样完美无缺的法律。① 这种认为司法活动能够与"理想法律"完美对接的思想注定因其过于理想化而无法成为现实，因而不得不设定相应的司法裁量空间，依靠司法者的经验、理性等应对一切可能发生的情况。而在英美国家，司法经验主义并不信任可以完全凭借立法者的理性制定出完美无缺的法典，判例法取代法典成为法律的主要渊源。经验主义哲学对于英美法系国家刑事司法制度的发展影响深远，为刑事裁量权的存在提供了哲学基础。二是法律基础：就成文法而言，法律现象的多样性与法的局限性之矛盾使得刑事裁量权的产生成为必然，是严格规则主义法律思想在现实中的无奈选择。换言之，也正是由于严格规则主义是无法实现的法律理想，使得自由裁量主义成为不得已的选择。② 成文法的稳定性不可避免会导致一定的滞后性，加之其他固有的局限性使得成文法难以涵盖所有可能出现的情况，但法在实施过程中的一个基本要求是正义的实现，不仅包括一般正义也包括个别正义，司法人员的裁量活动成为实现个别正义的最佳途径，个别正义的实现最终促成法的根本目的之实现。

具体到公诉裁量权而言，起诉便宜是公诉权可裁量性最直接的体现，通过赋予检察官在公诉活动中的裁量权，使得司法具有一定的弹性，从而可以有效弥补起诉法定的天然不足。个案的差异性是公诉裁量权存在的现实基础，检察官在行使起诉权过程中，由于个案中的犯罪情节、社会危害性、犯罪嫌疑人的具体情况等因素不尽相同以及出于公共利益的综合考虑，难以完全依据严格的法律预设作出相应的决定，因此，公诉裁量权是实现个案正义的必然选择。正如有学者所言，"世界史上就不存在无自由裁量权的法律制度。自由裁量权在实现个体的正义，实现创设性正义，甚至在实现还未知的新纲领方面，都是不可缺少的"。③ 作为刑事司法领域的重要组成部分，自由裁量对于公诉制度亦不可或缺，公诉裁量权具有可裁

① ［德］科殷：《法哲学》，林荣远译，华夏出版社 2002 年版，第 205–227 页。
② 董玉庭、董进宇：《刑事自由裁量权导论》，法律出版社 2008 年版，第 69 页。
③ 张文显：《二十世纪西方法哲学思潮研究》，法律出版社 1996 年版，第 627 页。

量性也就成为一种必然。

公诉裁量权定位之争源于对其本质属性的认识不足，而事物的属性往往是与生俱来并由多方因素共同作用所致。从权力基础、历史发展与可裁量性的多重维度对公诉裁量权进行全面分析后可将其属性概括为以下三点：一是具有诉权与国家追诉权的双重属性；二是具有权力制衡与轻刑罚化的属性；三是具有基于公正与效率实现的可裁量性。对公诉裁量权属性的准确定位可以为相关研究提供方向指引与理论参考，比如说，因为明确了公诉裁量权是国家追诉权，就有理由基于公权力滥用可能对其进行相应的规制；因为明确了公诉裁量权具有诉权的属性，就可以解释刑事和解的合理性；因为明确了公诉裁量权的可裁量性，就能够为附条件不起诉等制度找到理论依据。

第二节　公诉裁量权的价值

公诉裁量权在各国刑事司法程序中发挥的重要作用是其价值外化的体现。因此，只有充分把握公诉裁量权的价值定位，才能使其在刑事司法实践中的作用最大化，并且通过相应的权力配置将"域"与"度"进行科学、合理的限定，才能实现其价值，防止权力的无限扩张与滥用。

一、价值辨析

关于价值的认识，在不同的学科范畴内被赋予了不同的内涵：在认识论角度上，为客体对于主体的有用性；在经济学角度上，为投入与产出的比例；在伦理学角度上，为善与恶的评价标准。关于刑事诉讼价值，有学者指出了其三种基本的含义：一是价值观念，也就是法律评价理念（Ideas），普遍存在于社会以及某些人之中；二是基本的法律评价标准（Standards），这种标准能够被大多数人接受；三是人们认可、追求并努力使之实现的价值目标（Objectives）。[①]公诉裁量权的价值脱离不了刑事诉讼

---

① 陈瑞华：《刑事诉讼的前沿问题（第二版）》，中国人民大学出版社 2005 年版，第 58 页。

价值的基本范畴，根据刑事诉讼价值的上述三个基本含义，公诉裁量权在刑事诉讼程序中的价值也应当从三个层面进行辨析。

第一，公诉裁量权的价值评价理念，即如何看待公诉裁量权在刑事司法程序中的存在意义。比如，公诉裁量权是以行为人构成犯罪为前提，通过检察官裁量权的行使，使得案件以不起诉或其他诉讼外方式解决，是放纵了犯罪还是实现了更大的利益？

第二，公诉裁量权的价值评价标准，即公诉裁量权在行使过程中所体现出来的基本价值标准，是对权力实施过程的评价。换言之，以何种标准评价公诉裁量权行使产生的起诉、不起诉及公诉变更结果？

第三，公诉裁量权的价值目标，也就是立法者确立公诉裁量权希望达到的理想效果，即起诉裁量与不起诉裁量的结果对诉讼程序产生的正面影响是什么？换言之，通过公诉裁量，立法者希望达到的目标是什么，或者说追求的"善"是什么？

通过对上述这些问题的深入剖析可以发现，公诉裁量权的价值根植于刑事诉讼程序之中，是对公诉裁量权实施过程的动态评价，由理念、标准及目标等多重因素构成。

二、价值体现

理论上通常将法的一般价值概括为公正、效率及秩序等，虽然公诉裁量权也具备这些价值特征，但诸如此类抽象的归纳无论是从理论研究的深度还是广度，难以具体、深入地揭示公诉裁量权的独特价值，从某种意义上讲，公正、效率及秩序等是公诉裁量权所要实现的价值目标。事实上，公诉裁量权的运行是个动态的过程，而其价值则蕴含丁诉讼程序之中，如果将其提炼出来，公诉裁量权的价值可外化为功利价值、内在价值及效率价值三个层面。

1. 公诉裁量权的功利价值

公诉裁量权的功利价值，也可以称为工具价值，即哲学认识论中的有用性。公诉裁量权在刑事司法中得以存在与发展，从宏观角度而言，必然对刑事实体法与程序法的实施均具有积极的作用。具体到刑事诉讼程序中，公诉裁量权的功利价值主要体现为一种刑事纠纷解决的有效方式，这也是刑事诉讼根本目的的体现。检察官通过行使公诉裁量权，根据案件的具体情况决定将案件提起公诉还是以审判外方式解决，甚至是不起诉。

2. 公诉裁量权的内在价值

公诉裁量权的内在价值，也是公诉裁量权在权力配置及实施过程所体现出来的伦理价值标准，概括而言，公诉裁量权的内在价值体现为其本身具有的内在公正性，即所谓的程序正义。公正，是法的基本要求，公诉裁量权实施也必然体现公正价值：检察官运用起诉裁量权客观、公正地实现犯罪追诉的目的，或者运用不起诉裁量权实现个别正义、修复社会矛盾的目的。裁量不起诉主要针对比较轻微、社会危害性不大的案件，并且在一些暂缓起诉及公诉替代制度中，通常以犯罪行为人向国家支付一定数额的罚金、提供社区服务、赔偿被害人损失等措施为前提。

3. 公诉裁量权的效率价值

公诉裁量权的效率价值，即在公诉裁量权实施过程中，司法资源的投入与收益之间的比例价值，这也是诉讼经济原则的体现。效率原本是经济学中的一个重要概念，后被引入法学领域，借此可以运用经济学方法分析法律问题，因而，关于效率理论的考察应从经济学的角度入手。刑事诉讼司法资源配置的核心是考察诉讼活动中投入与产出的比例关系，或者说是成本和收益的关系。因此，我们要借助于经济学中的基本假设和成本收益分析的基本方法建立刑事诉讼司法资源配置的基本前提。[①] 在经济学范畴，关于资源配置效率最基本的原则是帕累托效率（Pareto Efficiency），也称为帕累托最优，其追求的是资源投入与收益之间的最佳比例，即所谓效率，意味着通过社会资源的合理配置，改善更多人所处的外部环境，并且没有人因此所处的境况变坏。[②] 从某种意义上来说，帕累托效率只是一种理想状态，在现实中往往难以实现，因而经济学中还存在一条"卡尔多—希克斯标准"，是从社会资源的再分配来定义效率，如果那些从社会资源再分配中获利的人获得的利益足够补偿那些从中亏损的人的利益，就是有效率的。[③] 这也被认为是改善帕累托效率的原则。将这些经济学原理引入刑事诉讼法学的根本动因是司法资源的有限性，而最终目的是运用诉讼经济的原则解决刑事纠纷，因为实用主义与经济学思考在法律规则构建中的

---

① 陈卫东：《程序正义之路（第一卷）》，法律出版社 2005 年版，第 44 页。
② 公丕祥：《法理学》，复旦大学出版社 2002 年版，第 99 页。
③ 詹建红：《刑事诉讼契约研究》，中国社会科学出版社 2010 年版，第 67 页。

作用不可小觑。[①]

　　严密的审判程序无疑更有利于公正的实现，但是如果在分配有限的诉讼资源时对案件不分轻重，司法机关会因此面临瘫痪。[②] 案件数量的剧增与司法资源的有限性之间的矛盾决定了对刑事司法程序效率价值的追求，而这恰恰是不起诉裁量权的价值优势所在。尤其是不起诉裁量权的程序分流及案件过滤功能不仅能避免大量轻微案件占用有限的审判资源，也使得这些案件本身能够得到快速处理，提高刑事诉讼程序的整体效率，这种制度设计也符合司法资源优化配置的基本要求。

三、价值均衡

　　公诉裁量权的价值包括功利价值、内在价值及效率价值在不同层面上的体现，但诉讼程序对于公诉裁量权在解决纠纷、实现公正与提高效率之间的利益要求并非完全一致的，价值也就成为对各种利益冲突进行平衡的尺度。对此，有学者提出了"均衡价值观"，并且强调：所谓均衡价值观，是基于个案的具体情况，为实现更高层次利益来确定各种利益的优劣，而不是机械地将各方面价值视为等值且置于同一层面上。[③] 将正式的审判程序与裁量不起诉相比较可以发现，前者虽然是刑事纠纷解决的主要方式，并且更有利于公正的实现，但设计严密的诉讼程序需要占用更多的司法资源，不利于提高诉讼效率；而后者正是为弥补这些不足，以审判外方式快速解决纠纷，避免司法资源浪费在大量轻微且无争议的案件中。因此，效率是不起诉裁量权的核心价值，关于不起诉裁量权的价值均衡是效率与公正的价值均衡。

　　效率价值是基于司法资源的有限性产生的，对诉讼程序借助经济学中的成本效益分析，即意味着"通过控制成本及制度设置，遵循诉讼经济之原则，实现案件诉讼程序上的不同处理，以最低的成本达到最佳的效果"。[④] 不

---

① ［美］理查德·A.波斯纳：《超越法律》，苏力译，中国政法大学出版社 2001 年版，第 25 页。
② 林钰雄：《刑事诉讼法（下册）》，中国人民公安大学出版社 2005 年版，第 197 页。
③ 宋英辉：《刑事诉讼原理导读》，中国检察出版社 2008 年版，第 55 页。
④ 林俊益：《程序正义与诉讼经济——刑事诉讼专题研究》，中国台湾元照出版公司 1997 年版，第 89-90 页。

起诉裁量权在刑事诉讼程序中的实施正是成本效益的最佳体现，快速解决纠纷本身就意味着相对正式审判程序占用的司法资源少，而不起诉、暂缓起诉及适用公诉替代措施则起到了有效的程序过滤与分流效果，控制了进入正式审判程序的案件数量，不仅能够使那些事实清楚、社会危害性不大的轻微案件以审判外方式得以解决，避免占用司法资源，同时能够使节约下来的司法资源投入那些严重、复杂的案件中，也有利于这些案件的集中审理，进而通过"控制成本"的方式从整体上提高刑事诉讼的效率。

公正与效率在刑事诉讼中看似是一对需要进行取舍的矛盾价值取向，但实际上，公正与效率在刑事诉讼整体中是辩证统一的关系，只不过是进行价值评价的角度不同而已，公正针对的是诉讼过程与结果，而效率强调的是投入与收益比例。公诉裁量权的运用是根据案件的繁简对司法资源进行合理的配置，这对于刑事诉讼程序具有重要意义。"刑事诉讼活动中司法资源的投入应当与案件的利益大小成正比，也就是说，正义应当通过司法资源投入与产出的合理比例来实现。"①

一方面，只有符合效率基本要求的司法才是公正的，过度追求公正而忽视效率，会造成司法资源的浪费并使得犯罪行为人长期饱受诉讼之累；另一方面，只有公正的司法才是最有效率的，如果盲目追求效率而忽视司法的公正性，不仅不利于纠纷的解决，还会引发公众对司法的不信任，进而导致更大的社会矛盾。公诉裁量权在刑事诉讼中的运用恰恰体现了司法效率与公正的统一。根据案件的不同情况，运用起诉裁量权实现对犯罪的追诉目的；运用不起诉裁量权，通过纠纷的快速解决机制及程序分流功能节约司法成本，避免司法资源的浪费；非刑罚化的处理方式及各种配套的补偿措施，有利于犯罪行为人的回归及社会矛盾的化解。

综上所述，公诉裁量权的价值定位可归纳为：是解决纠纷的工具价值、实现正义的内在价值及效率价值的有机构成，并且在工具价值的前提下，以效率价值为核心，兼具公正价值。

---

① 詹建红：《刑事诉讼契约研究》，中国社会科学出版社2010年版，第70页。

第三节 公诉裁量权的功能

公诉裁量权在刑事诉讼程序中的功能是其存在的价值基础。通常而言，"所谓功能，一般是指事物的局部或部分对事物整体的维持和发展所发挥的积极作用以及事物局部或部分对事物整体机制所产生的积极效果，它是从系统的外部描述系统的整体性质"。① 功能的概念具体到刑事诉讼领域，是指某一程序、制度或权力在解决犯罪引发的冲突中所起的积极作用及正义实现的实际效果。由于公诉裁量权属于公诉权的一部分，因而公诉裁量权既具备公诉权在刑事诉讼中的一些基本功能，也具有自身的特殊功能，对公诉裁量权的功能研究应从公诉权的基本功能入手。

一、公诉裁量权的基本功能

从宏观的角度来看，公诉权的功能体现为公诉权在刑事诉讼程序中发挥的作用以及产生的影响。从法的规范性角度而言，公诉权是法律框架下国家意志的反映，因而具有告知、指引、强制、评价、教育及预测等规范性功能，这也是社会效应功能的体现。而公诉权在刑事诉讼程序中的司法性功能与刑罚权的实现紧密相连并且具有现实的趋同性。公诉权不仅为国家刑罚权的实现提供了可能性，也能够通过对侦查权与审判权的制衡，防止国家公权力对个人权利的侵犯，成为实现人权保障的合理路径，这也就使得犯罪追诉、权力制衡与人权保障成为公诉权在刑事诉讼中重要的司法功能。

1. 犯罪追诉功能

公诉权的确立本身建立在国家对犯罪社会危害性的认识及国家追诉权实现的基础上，这必然导致公诉权与刑罚权存在功能上的内在关联性，犯罪追诉也就成为公诉权最基本的功能体现。通过对公诉权属性的剖析可

---

① 王雨田：《控制论、信息论、系统科学与哲学》，中国人民大学出版社 1986 年版，第 502 页。

知，公诉权本质上是诉权的一种，不能对犯罪进行裁判，只能通过向法院提起司法请求以实现惩罚犯罪的目的，而其国家权力的属性又决定了公诉权在犯罪追诉功能的发挥上具有自诉不可比拟的优势，避免了单纯的私人追诉可能产生的种种弊端。"公诉权具有自诉权所不具有的强制性、主动性、统一性，以及与刑罚权的距离进一步拉近等特性"。① 公诉权的犯罪追诉功能不仅体现在起诉法定主义中，同样也体现在起诉便宜主义的情况下，将达到起诉条件的案件提交法院审理，确定被告人的刑事责任，实现犯罪追诉的功能。最基本的要求是不枉不纵，尽可能做到既不因为错误公诉导致无辜的人受到刑罚，也不因为公诉审查的疏漏放纵罪犯。但是，在我国，由于检察机关同时将法律监督与刑事追诉这两种相互对立的权力集于一身，造成了角色之间的冲突与对立：法律监督者的角色要求检察机关保持中立、超然和公正，而刑事追诉者的角色要求检察机关保持积极、主动和介入，② 以被告人的有罪判决为公诉目标，二者之间这种不可调和的矛盾影响了公诉裁量权的行使。

2. 权力制衡功能

在刑事诉讼的纵向结构中，公诉是处于侦查与审判的中间环节，不同的诉讼阶段具有相应的国家权力配置，并以一定的运行机制实现刑事诉讼的目的，同时，通过公诉权与侦查权、审判权的相互制衡，以防止国家权力的滥用。因而，宏观上公诉权在刑事诉讼中的权力制衡功能体现在两个方面：一是对审判权的限制，公诉权确立的根本目的就是使控诉权从审判权中分离出来，通过权力的分立与制衡，彻底废除纠问式诉讼。控审分离、不告不理等原则使得法官在刑事诉讼中处于中立、被动的地位，只能根据指控的范围与内容进行裁判，最大限度地保障裁判的客观性与公正性。二是对侦查权的限制，综观各国的刑事司法制度，主要的侦查职能基本都是由警察来承担，为防止警察权力的滥用，大陆法系国家普遍实行检察官领导、指挥侦查。英美法系国家则通过公诉审查实现对警察权力的限制，无论采用何种制约机制，都是以促进警察侦查行为的合法性为目的，公诉权的引入有助于防止"警察国"的出现，规范警察的侦

---

① 徐鹤喃：《公诉权的理论解构》，《政法论坛》2002 年第 3 期。
② 陈瑞华：《问题与主义之间——刑事诉讼基本问题研究》，中国人民大学出版社 2004 年版，第 31-32 页。

查行为，防止其权力的滥用。①

3. 人权保障功能

打击犯罪与人权保障是刑事诉讼的两大任务，在追诉犯罪的同时必须平衡与人权保障的关系，树立打击犯罪与人权保障并重的价值观。正如有学者所言，由于长期以来我国过于注重打击犯罪，使得人权保障较为薄弱，更要将人权保障放在优先位置上。当打击犯罪与人权保障发生冲突时，要以保障人权为优先选择的价值目标，这就同当疑罪出现时应当作出无罪判决的道理一样。②刑事诉讼程序中，一方面通过对公诉权的权力制衡，以防止侦查权的滥用与审判权的擅断对人权的侵犯，并且预防错案的发生，这可以视为被追诉者人权的"外部保障"；而就公诉本身而言，公诉机关对案件的审查机制则可以视为人权的"内部保障"，以预先设立的提起公诉条件来衡量是否应当提起公诉，提起公诉条件一般是由证据标准、公共利益要求以及刑事政策导向等多种因素组成的。通过公诉审查，有效阻止不符合起诉条件的案件进入法庭，避免使无辜的人受到刑事审判，以实现人权保障的目的。需要注意的一点是，提起公诉条件的设定必须宽严适度，如果起诉条件过于严苛，易使犯罪行为人逃脱法律的制裁；反之，如果起诉条件过于宽泛，也易使大量案件进入审判程序，不仅造成司法资源的浪费，滥诉、错诉更有悖于公诉权的人权保障功能。

二、公诉裁量权的特殊功能

公诉权具备的上述基本功能，基于权力的派生性，公诉裁量权也同时具备。除此之外，公诉裁量权的特殊功能体现在裁量性上，检察官对于达到起诉条件的案件，裁量权行使的结果包括两个方面：一方面将不符合起诉条件的案件阻挡于审判程序之外；另一方面使大量事实清楚且无争议的轻微刑事案件在审判前加以解决。通过裁量权行使的上述两种结果，不仅能够限制进入法庭的案件数量，防止不当起诉，也使得本应受到刑事处罚的犯罪行为人得到宽大处理，有利于回归社会并促进社会

---

① 郝银钟：《刑事公诉权原理》，人民法院出版社 2004 年版，第 58 页。
② 樊崇义、陈卫东、钟志松主编：《现代公诉制度研究》，中国人民公安大学出版社 2006 年版，第 14 页。

矛盾的修复。因此，公诉裁量权的特殊功能体现在程序分流、案件过滤及矛盾修复三个方面。

1. 程序分流功能

探讨公诉裁量权的程序分流功能首先应当明确什么是刑事诉讼中的程序分流，有学者对此进行了概括，"审前程序中的程序分流（Diversion），又称非刑事程序化，是指对特定犯罪构成的案件，在侦查或起诉环节中即作终止诉讼的处理，并施以非刑罚性的处罚，而不再提交法庭审判的制度和做法"。① 程序分流在刑事司法中起到重要作用，有学者对此进行了形象的总结：国家的整个刑事司法系统在纵向上看就呈现为一个漏斗的形状，所有进入其中的案件经由不同的出口、在不同阶段分别进行合理的分流。② 由此可见，程序分流存在于刑事诉讼的各个环节，基于本书是就公诉阶段的程序分流展开论证，因而所指的程序分流限定在其狭义概念。

公诉处于侦查与审判的中间环节，是对案件进行程序分流的关键，而公诉裁量权是程序分流的"调节器"，直接影响分流的效果与案件的走向。程序分流产生的直接动因是为缓和犯罪数量剧增与司法资源紧张之间的矛盾，价值基础是对诉讼效率的追求，因此，公诉裁量权的程序分流功能最直接的体现便是通过不起诉裁量权的实施，控制进入审判程序的案件数量，对达到起诉条件的案件综合分析后采用非刑罚化处理方式。根据案件的繁简程度，检察官运用不起诉裁量权进行程序分流的结果是将大量轻微、简单的案件被控制在法庭之外，只有那些重大、复杂的案件进入正式审判程序，提高了诉讼效率。

公诉裁量权进行程序分流的方式主要体现为不起诉及适用暂缓起诉或公诉替代措施。不起诉主要是检察官通过对犯罪的社会危害性、犯罪行为人的自身情况及社会公共利益等多方面的综合考量，作出不再进行追诉的处理决定，相当于案件的诉讼程序被就此终结。除了不起诉制度外，各国为实现程序分流的目的也规定了暂缓起诉及多种不起诉替代措施，为检察官公诉裁量权的实施提供了更多的选择余地。暂缓起诉是对符合起诉条件的案件规定一定的考验期或者附加相关条件，只要犯罪行为人遵守了这些规定，检察官则不再进行追诉，例如我国的附条件不起诉制度。公诉替代

---

① 张小玲：《刑事诉讼中的"程序分流"》，《政法论坛》2003年第2期。
② 姜涛：《刑事程序分流研究》，人民法院出版社2007年版，第2页。

措施，是指犯罪行为人通过履行某些法律规定的义务来替代检察官的指控，如德国的刑罚命令程序。

运用不起诉裁量权的前提是案件已经达到起诉的条件，那么，对这些已经达到起诉条件的案件以什么样的标准进行分流是关键，立法上难以对此进行明确规定，这也正是检察官裁量权的意义所在。通常而言，进行程序分流的基本标准是案件的繁简程度，但各个国家在不同司法理念、制度背景下对这一标准的把握与运用不尽相同，直接影响到赋予检察官自由裁量权的大小及案件分流的效果。英美法系国家基于诉权处分原则，检察官的公诉裁量权几乎不受限制，因此程序分流的效果明显，以美国为例，大部分案件通过审前程序分流机制得到解决，最终只有不到10%的案件进入正式审理程序；而大陆法系国家在职权主义的诉讼模式下以起诉法定为主，对检察官的公诉裁量权进行了严格的控制，因而程序分流的效果远不及英美法系国家。但不可否认的是，公诉裁量权的程序分流功能对于各国的刑事司法都起到重要作用，程序分流通过对司法资源的合理分配，有利于实现程序正义、诉讼效率以及对被追诉人的权利保障。①

2. 案件过滤功能

公诉裁量权的案件过滤功能，顾名思义，是通过公诉审查，将不符合起诉条件的案件过滤出刑事诉讼过程。有学者将案件过滤机制定义为基于特定的目标，侦查、起诉和审判职责机关通过对案件的"评估与控制"，将部分案件从追诉系统中过滤出去的行为。②该学者对案件过滤的法律后果认定为"将案件从追诉系统中过滤出去"，笔者的观点与其一致，但基于研究对象的特定性，本书中的案件过滤特指通过公诉审查，将不符合起诉条件而不应当提起公诉的案件过滤出追诉系统的活动，被过滤的案件既包括实体性条件不符合起诉条件，如证据不足的情况，也包括程序上不符合起诉条件，如属于法定不起诉情形。案件过滤与程序分流的本质区别是案件本身是否达到起诉条件，过滤针对的是达不到起诉条件的案件，主要适用于起诉裁量的过程；而程序分流针对已经达到起诉条件的案件，是不起诉裁量权的体现。

---

① 元轶、王森亮：《俄罗斯刑事诉讼程序分流研究》，《北京政法职业学院学报》2013年第2期。
② 王禄生：《刑事诉讼的案件过滤机制——基于中美两国实证材料的考察》，北京大学出版社2014年版，第1-2页。

3. 矛盾修复功能

犯罪行为引发的矛盾不是单一的，体现在多个方面，如果将公诉裁量权的程序分流功能视为显性功能，那么对矛盾的修复功能则可视为隐性功能。公诉裁量权的矛盾修复功能主要体现在以下三个方面：

第一，对于犯罪行为造成的社会危害，并非不通过审判进行定罪量刑就意味着对犯罪的放纵，相反，公诉裁量往往是基于公共利益的考虑，同时，在一些公诉替代措施中，对于某些轻罪或符合条件的犯罪行为人，采取非刑罚手段加以惩戒和教育，如训诫、提供社区服务、参加工作培训，或提供一定的公益服务，这些措施都有利于弥补犯罪对社会造成的危害。

第二，对于犯罪行为人与被害人之间的矛盾，检察官在进行公诉裁量时会充分考虑被害人的利益，这在一些公诉替代措施上也有所体现，例如法国的刑事调解制度，我国的刑事和解制度，这类制度基本都建立在矛盾修复的基础上，以犯罪行为人向被害人赔礼道歉并赔偿损失为前提，从而取得被害人的谅解，犯罪行为人也能够免受刑事处罚，各方利益得到满足后有利于化解矛盾。

第三，对于犯罪行为人接受刑罚与回归社会的矛盾，公诉裁量权的运用也能起到积极作用。犯罪行为人被处以刑罚后往往会被贴上"罪犯"的标签，不利于回归社会。检察官作出不起诉决定或者适用其他非刑罚替代措施，能够避免给犯罪行为人带来负面的社会评价，尤其对于一些轻微刑事案件中的犯罪行为人，避免了传统刑罚特别是短期剥夺自由刑的种种弊端。

第四节 公诉裁量权的理论基础

对公诉裁量权属性、价值及功能三个方面进行分析的意义在于能够从静态的角度全面揭示研究对象的本质特征，这不仅是公诉裁量权蕴含的理论基础的体现，也是进行理论研究的逻辑起点。在诉讼进程的宏观视野下，公诉裁量权在刑事司法实践中的实施及其程序性控制是个动态过程。诉讼目的、契约理论、诉权理论及权力制约等基本理论，从不同角度构成刑事诉讼宏观研究框架，虽然这些理论并非直接针对公诉裁量权产生，却构成了公诉裁量权及程序性控制相关研究的基石。对于基本理论的研究，不仅能够为公诉裁量权的存在提供理论依据，也能够指导其程序性控制体系的构建。

一、诉讼目的论

刑事诉讼目的，是国家立法机构确立的基本法律准则，也是刑事诉讼活动所追求的理想结果[①] 和目标。探讨刑事诉讼的目的必然要以刑事诉讼法为依据，在过去很长一段时间内，刑事诉讼法的目的被视为"保障刑事实体法的实施"，而这也就意味着通过诉讼顺利对被告人处以刑罚是解决刑事纠纷的主要目的，诉讼目的过于狭隘。20 世纪六七十年代，美国学者提出了"犯罪控制"与"正当程序"的刑事诉讼理论，这也引发了各国关于诉讼目的的理论研究，并且形成了三种基本的刑事诉讼目的划分：实体真实、程序正义及实体真实与程序正义的统一。

刑事诉讼目的不仅体现了一个国家的基本诉讼理念、诉讼构造，也决定了设立各种具体程序与制度的基本原则。以德国为代表的大陆法系国家较为重视实体真实，并构建了职权主义的诉讼模式，立法者注重依职权查明案件事实并处以相应刑罚，而"由于实体的优越地位，保障犯罪嫌疑人、被告人权利多在法系实体真实许可的范围内得以体现，法律程序的独立价值就易被忽视"，[②] 公诉制度以起诉法定主义为主，因而公诉裁量权受到严格的限制；而以美国为代表的英美法系国家则较为重视程序正义，构建了当事人主义的诉讼模式，注重程序的正当性及人权的保障，程序的设计更加灵活，检察官可以根据案件情况选择纠纷解决方式，拥有较大的公诉裁量权；日本的刑事诉讼目的由追求实体真实逐渐转化为实体真实与程序正义并重，形成了混合制的诉讼模式，且注重多元化的案件处理方式，应当对以实现刑法为前提的死板的实体真实主义进行反省，通过当事人主义来发现真实与刑法的要求并不矛盾。借鉴当事人主义诉讼模式，注重利益关系人的程序参与性，构建包括非刑罚纠纷解决方式的刑事司法

---

① 陈瑞华：《刑事诉讼的前沿问题（第二版）》，中国人民大学出版社 2005 年版，第 79 页。
② 宋英辉：《刑事诉讼原理导读》，检察出版社 2008 年版，第 28 页。

体系。① 诉讼目的的转变，也使得公诉裁量权在日本具有了存在和发展的空间。

由此可见，惩罚犯罪与保障人权的平衡是各国都要面临的现实问题，刑事诉讼目的理论是以实体正义与程序正义为核心构建起来的一套理论体系，包括多元化的案件处理方法、辩护人及被害人的参与等。我国的诉讼目的在打击犯罪的基础上逐步强调对人权的保障，尤其对于起诉裁量权，在保障检察官充分行使权力的前提下，必须防止权力滥用对人权的侵犯。同时，"解决刑事案件是最终的诉讼目的，而处罚一般来说并不是诉讼的目的。因此作为解决案件对策的所谓非刑罚转换措施被认为是刑事诉讼制度本身的问题"②，不起诉裁量权与刑事诉讼目的相契合。惩罚犯罪与保障人权作为刑事诉讼目的的两个方面，虽然某些情况下存在价值冲突，但并非完全对立，本质上而言是辩证统一的关系，公诉裁量权在二者的平衡过程中恰恰起到了"调节器"的作用，而从另一个角度讲，刑事诉讼目的决定了公诉裁量权"调节器"作用的大小。

二、契约理论

在传统语境中，契约所表征的是当事人之间某种法律关系确立的协议，这种协议是基于当事人的意思表示一致形成的，并且能够引起一定的法律效果。③ 契约理论具有几个基本的要素：主体上的平等与独立，行为上的自主与合意以及结果上的互惠与共赢。契约现象最早出现在古罗马，其概念本义上属私法范畴，但随着社会经济的发展及司法观念的转变，使得"契约不仅是私法的法律形态，而且也是公法的法律形态"。④

1. 契约理论在刑事诉讼中的引入

随着刑罚目的的转变，现代刑事诉讼制度的设置理念不再单纯以打击犯罪为目标，更凸显了对人权的保障及程序正义的追求，体现了更加多元

---

① ［日］田口守一：《刑事诉讼的目的》，张凌、于秀峰译，中国政法大学出版社 2011 年版，第66 页。

② ［日］田口守一：《刑事诉讼的目的》，张凌、于秀峰译，中国政法大学出版社 2011 年版，第42 页。

③ 詹建红：《刑事诉讼契约研究》，中国社会科学出版社 2010 年版，第 8 页。

④ ［德］赫费：《政治的正义——法和国家的批判哲学之基础》，庞学铨、李张林译，上海译文出版社1998 年版，第388 页。

化的价值取向，这也为契约理论在刑事司法领域的发展提供了契机。刑事诉讼多元价值的实现，只有依靠按照多元价值设置的可供当事人选择的多元化程序，才可能使司法过程和司法结果在当事人的参与下获得正当性。单一价值取向下设置的纠纷解决机制已经无法真正实现程序正义。[①] 契约理论在刑事诉讼中的引入主要基于控辩双方在"合意"基础上产生的"自由"，直接的体现就是诉讼协商机制，例如 20 世纪 70 年代西方兴起的恢复性司法，强调矛盾的化解与社会关系的修复；我国也有学者提出了独立于对抗性司法的"合作性司法"，认为"在传统的实体正义和程序正义价值之外，还可以存在诸如'关爱'、'教育'、'效率'以及'社会和谐'等'第三种法律价值'"。[②] 合作性司法，体现的也是一种契约精神。

刑事诉讼中的契约自由也不是毫无限度的，主要体现在两个方面：一是对契约适用范围的限制，犯罪行为对受害人造成侵害的同时也对国家利益、社会利益造成危害，公诉是国家追诉意志的体现，即使控辩双方就纠纷的解决达成合意，但这种契约自由也不能是没有边界的，其适应的大致范围有必要由法律预先规定，因为契约理论的引入虽然契合了现代刑事诉讼多元化的价值追求，但不能背离刑事司法的根基。二是对程序选择自由的限制，诉讼契约达成后，以何种具体形式解决纠纷通常也是由法律预设的，要兼顾国家利益、社会利益及当事人利益等各方因素，追求诉讼效率的同时不能违背公正的基本要求。这也就意味着诉讼契约的实现方式及具体程序都是由立法者预先规定的，各方诉讼主体只有选择权而没有完全的创设权。

2. 公诉裁量权对诉讼契约理论的实现

在现代刑事司法领域，诉讼价值的多元化发展不仅要求纠纷解决机制的多重设计，更要满足对效率的追求，而检察官正是通过公诉裁量权的行使实现上述要求：在法律预先设定的大体框架内，控辩双方遵循契约精神，通过参与及协商达成程序选择的合意，以不起诉、暂缓起诉或者适用公诉替代措施解决纠纷。更确切地说，不起诉裁量权的运用是契约理论在刑事诉讼中的直接体现之一。

公诉裁量权的运用充分体现了刑事诉讼契约的基本要素，以美国的辩

---

① 傅郁林：《繁简分流与程序保障》，《法学研究》2003 年第 1 期。
② 陈瑞华：《刑事诉讼的中国模式（第二版）》，法律出版社 2010 年版，第 101 页。

诉交易制度为范例进行分析：首先，控辩双方具有独立、平等的主体地位，这是进行谈判与交易的前提；其次，控辩双方就指控与认罪方面的问题达成合意，并且被追诉人是在明知、自愿的情况下承认被控罪行的；最后，通过辩诉交易，被追诉人得到了从轻或免除刑罚的结果，控方也避免了败诉的风险，双方实现了结果上的互惠与共赢。虽然大陆法系国家及我国检察官的裁量权不及美国检察官，但公诉裁量权实施方式也具多元化特征，并以确立被追诉人诉讼主体地位为前提，以控辩双方或被害方与被告方就认罪与指控等问题达成的合意为基础，以追求利益上的共赢为目的，凸显了对人权的保障。例如，德国的公诉替代措施及我国的刑事和解制度。可见，各国对公诉裁量权实施的具体规定虽不尽相同，但其背后蕴含的契约理念是相通的。

遵循诉讼契约自由的限制性规定，公诉裁量权在实施过程中也必然受到相应的程序性控制。英美法系国家检察官的公诉裁量权虽然适用范围相对较大，但会受到来自法庭、律师组织等方面的制约，注重控制检察官的起诉裁量权滥用对人权的侵犯，同时构建了完善的被害人权利保障制度；而大陆法系国家，公诉裁量权的适用受到更为严格的限制，尤其是不起诉裁量权的适用范围、适用程序等大多由法律预先设定，不起诉裁量权也受到严格的程序性控制。诉讼契约不同于一般意义上的契约，应当受到必要的限制，而非完全遵循当事人的合意。"诉讼契约是建立在诉讼权利处分的基础上的，当事人的契约自由并非完全私人性的，还涉及公权力和诉讼程序的处分。"①

三、诉权理论

诉权，即提起诉讼的权利。具体而言，是当事人为解决纠纷而向国家司法机关提出的请求权。诉权理论在刑事诉讼中的导入是基于刑事诉讼与民事诉讼本质上的相通性，二者都是运用司法权的纠纷解决机制，"从词源及理论研究渊源来看，刑事诉权起源于民事诉权，是在民事诉权理论发展到一定阶段，国家权力逐步强大的过程中，而逐步发展和形成的权利体

---

① 张卫平：《论民事诉讼的契约化——完善我国民事诉讼法的基本作业》，《中国法学》2004 年第 3 期。

系"。^①关于刑事诉讼的内涵，有学者将其归结为控辩双方的"基本诉讼权能"，并作出了动态与静态双重意义上的阐释。在动态的程序运行中，体现为个案中控辩双方诉讼权利的行使和保障；在静态的法律规定中，表现为各种具体的规范化的诉讼权利。当犯罪行为造成对个人利益与社会秩序的侵犯时，被害人以及代表国家追诉犯罪的控诉机关就有了诉讼的基本权能，而被告人也被赋予了对抗追诉的基本权能。^②由此可见，诉权贯穿刑事诉讼的始终，并且以国家诉权与公民诉权的不同样态来呈现。公诉权作为一种国家诉权，是以公民诉权为基础的。"从本质上看，公诉权是诉权的一种高级发展形态，它有效地弥补了私诉权的有限性和权利保护之间的真空地带。"^③因而，在刑事诉讼中，无论是公诉权还是公民诉权都应当具备诉权的可处分性，检察官可以通过行使公诉裁量权，对符合条件的案件既可以提起公诉，也可以不起诉、暂缓起诉或适用其他公诉替代程序终止刑事诉讼程序，应当明确的是，公诉裁量权只是一种程序终结权，而非对当事人权利的实体处分，对被告人的定罪量刑最终只能由法官裁判。诉权理论对于公诉裁量权的意义在于，"诉权的可处分性，为公诉裁量权的存在与发展提供了理论沃土"。^④

在民事诉讼中，当事人对诉权享有绝对的处分权，但在刑事诉讼中，诉权的处分不可能完全遵循控辩双方的意思自治，必然要受到相应的限制，但这并不影响诉权理论在刑事诉讼中的基础性作用。立法者对诉权处分权限的设定直接决定了检察官公诉裁量权的大小，英美法系国家将公诉权与公民诉权视为平等的、可由当事人处分的诉权，因而检察官的公诉裁量权较大，辩诉交易得以成为纠纷的主要解决途径；而大陆法系国家在职权主义的诉讼模式下，更注重国家权力的强势主导地位，对公诉裁量权进行了严格的限制。诉权理论是公诉裁量权在刑事诉讼中存在的基石，也是司法理念转型的根本路径。扩大检察官的不起诉裁量权，提高诉讼效率是法治国家应对犯罪的必然趋势，这也直接体现了诉权理论在刑事诉讼中得到进一步的重视。

① 黄豹：《刑事诉权研究》，北京大学出版社 2013 年版，第 39 页。
②④ 汪建成、祁建建：《论诉权理论在刑事诉讼中的导入》，《中国法学》2002 年第 6 期。
③ 刘根菊等：《刑事诉讼程序改革之多维视角》，中国人民公安大学出版社 2006 年版，第 194 页。

四、权力制约理论

"权力作为一个政治范畴的概念，是由国家的强力机器作后盾，由公职人员按分级行使管理国家内外事务的权威力量。"[1] 权力制约理论是基于对国家权力的不信任而产生的，认为权力具有扩张的本性，只有进行必要的限制才能保障公民权利不受侵犯。因为，"一切有权力的人都容易走向滥用权力，这是一条千古不变的经验。有权力的人直到把权力用到极致方可休止"。[2] "社会契约论、自然权利观、主权在民思想、分权制衡的理念构成了现代西方法治的形成。"[3] 而对权力进行制约是实现法治的必然选择，法治的主要功能在于防止、束缚专横的政治权力，政府的权力应当严格受到法律的限制，法治的目的也在于确立和维护一个在权力、作用和规模上都受到严格法律限制的"有限的政府"。[4]

公诉是国家权力对公民发动的一场战争，而公诉裁量权作为公诉权的派生性权力，在行使过程中同样会将公民权利置于被侵犯的危险状态下，必须加以制约，权力制约理论因此成为公诉裁量权控制的理论基础。刑事诉讼程序中对公诉裁量权的程序性控制措施主要体现在以下两方面：一是通过权力的制约，既包括来自司法权的制约，也包括来自行政权的制约，最直接的体现是西方国家普遍确立的司法审查机制以及司法部、上级检察机关对公诉裁量权的制约；二是通过权利的制约，权利制约来自被追诉人与被害人两方面，被追诉人可以通过辩护权、上诉权、申诉权等诉讼权利的行使制约公诉裁量权，而被害人则可以通过直接行使诉权的方式制约公诉权，例如，我国的公诉转自诉制度、日本的准起诉制度及德国的强制起诉制度。

---

① 黄豹：《刑事诉权研究》，北京大学出版社 2013 年版，第 71 页。
② ［法］孟德斯鸠：《论法的精神（上册）》，张雁深译，商务印书馆 1978 年版，第 154 页。
③ 高鸿钧：《现代法治的出路》，清华大学出版社 2003 年版，第 324 页。
④ 陈国权、王勤：《论政治文明中的权力制约》，《政法论坛》2004 年第 6 期。

第五节 公诉裁量权运行的基本原则

公诉裁量权在刑事诉讼中的产生基于某些特定的原则，并且在其实施过程中，为保障一定裁量限度内的良性运行，检察官在行使权力时也要遵循相应的基本原则，这些原则一方面构成了对公诉裁量权实施过程中"自由裁量"的必要限制，另一方面也构成了对公诉裁量权进行程序性控制应当遵循的原则性标准。

一、起诉便宜原则

起诉便宜原则与起诉法定原则相对应，主要是针对大陆法系国家的公诉制度而言的，与不起诉裁量权息息相关。起诉法定原则，是指对于符合起诉条件的案件，公诉机关必须严格依据法律的规定提起公诉。起诉法定原则受严格规则主义的影响[1]，排除了检察官的不起诉裁量权，虽然对于维护法律的统一实施及预防检察官的公诉权滥用起到了积极的作用，但也存在司法资源浪费、诉讼效率低下、忽视个案正义及造成轻微犯罪行为人社会负面影响过大等诸多弊端。随着社会经济的发展、犯罪形势的变化及刑事司法理念的转变，起诉法定原则受到司法实务中对于裁量性起诉现实需要的强烈冲击，在这种背景下，起诉便宜原则逐步得以确立，具体来说，是指对于符合起诉条件的犯罪行为，起诉机关对个案的具体情况进行综合分析与斟酌，认为不需要起诉时可以作出不起诉决定。起诉便宜原则蕴含的基本理念是："在刑事追究利益不大，优先考虑程序的经济性或者有其他的法律政治利益与刑事追究相抵触的时候，尽管存在着行为嫌疑，检察院仍可以对此不立案侦查、提起公诉。"[2]

---

[1] 19世纪，大陆法系国家制定的法典大多数以严格规则主义为其指导思想，相信按照严谨的逻辑建立起来的封闭、科学、系统的法规体系可以排除司法过程中司法官的人为因素而完成法律制度的秩序化。参见宋英辉：《刑事诉讼原理导读》，中国检察出版社2008年版，第165页。
[2] ［德］约阿希姆·赫尔曼：《德国刑事诉讼法典》，李昌珂译，中国政法大学出版社1995年版，第15页。

由于起诉便宜原则主要针对以起诉法定主义为主的大陆法系国家而言，赋予检察官一定的不起诉裁量权也是立法者在各种利弊权衡基础上作出的理性选择。例如，传统上奉行起诉法定主义的德国在《刑事诉讼法》第 153 条至第 154 条 e 规定了检察官可以裁量不起诉的情形，包括轻微案件不起诉、外国行为不起诉、政治原因不起诉等；法国不仅通过立法确立了追诉适当原则，也规定了刑事调解、刑事和解及其他公诉替代措施。而英美法系国家适用当事人主义的诉讼模式，检察官不受起诉法定原则的限制，对案件享有广泛的起诉裁量权，不仅通过辩诉交易在审判前处理掉大部分案件，即使对于提起公诉的案件也可以进行选择性起诉，"检察官有权根据本辖区的具体情况，依自由裁量权决定对哪些案件或者哪些犯罪嫌疑人提起公诉，因为法律对此没有明确规定"。[①] 同时，从世界范围内刑事司法制度的发展趋势看，各国检察官的起诉裁量权也有进一步扩大之势。

遵循起诉便宜原则，检察官通过行使不起诉裁量权使案件以审判外方式解决，这种程序分流与案件过滤功能，不仅可以实现司法资源的优化配置，提高诉讼效率，而且能够根据案件具体情况作出针对性处理，有利于犯罪行为人的改恶从善及社会回归，体现了人道主义与个案正义。但从另一角度而言，检察官虽然享有不起诉裁量权，但并非意味着不起诉的决定可以恣意作出，而是应当根据案件的具体情况，对于是否提起公诉客观、公正地进行裁量，也就是说检察官行使不起诉裁量权必须遵循客观义务原则。

二、检察官客观义务原则

"检察官的客观义务，是指检察官在诉讼中追求实现案件真实正义的义务。检察官在诉讼中的客观义务理念，起源于 19 世纪末的德国，随后为欧洲大陆法系国家所普遍采纳。"[②] 这也就意味着，客观义务原则是在职权主义诉讼模式下，以发现实体真实为最初动因而产生的，检察官不是刑事诉讼的一方当事人，而是法律忠实的守护人。"检察官客观义务的产生，本来是为平衡控辩双方权力落差而设定的一种机制，即让处于资源优势的

---

① 李学军主编：《美国刑事诉讼规则》，中国检察出版社 2003 年版，第 308 页。
② 樊崇义：《制度创新，理念先行——刑事诉讼法修改中的几个检察理论问题》，《人民检察》2006 年第 1 期。

国家一方让渡部分自身的资源，同时承担部分本应由辩方承担的责任。"[1] 强调检察官的客观义务，一方面是基于国家追诉原则，检察官是代表国家参与刑事诉讼，追诉犯罪的根本目的是维护国家利益与公共利益，如果纯粹以胜诉为目标，对被追诉人的权利保障是极为不利的；另一方面是基于控审分离原则，现代检察制度产生的重要意义是通过检察权对侦查权与审判权的监督制约，实现司法公正。

　　不同诉讼构造下检察官的客观义务往往被赋予不同意义。客观义务是职权主义的产物，在职权主义的诉讼模式下，检察官理所当然是法律的守护者，这与其客观义务具有天然的内在关联性。在实行当事人诉讼模式的英美法系国家，即使将检察官定位于一方当事人，其客观义务亦不容忽视。1935 年的伯格诉合众国案中，美国联邦最高法院在判决中指出："美国检察官代表的不是普通的一方当事人，而是国家政权，他应当公平地行使自己的职责。检察官是法律的奴仆，应当确保实现公正，具有双重目标，既要惩罚犯罪，又要确保无辜者不被错误定罪。"[2] 检察官的公诉裁量权与客观义务有着直接的关联性。"客观义务理念，将检察官定位为法律守护人的角色，为正确行使自由裁量权提供了可靠的保障。"[3] 客观义务原则要求检察官超越一方当事人地位，以维护法律的客观公正为目标，在决定是否起诉时不仅考虑对被追诉人不利的方面，也要考虑有利方面及国家、社会利益，完成法律守护人的使命。

　　然而，检察官的客观义务在司法实践中难以完全实现。由于客观义务的内在矛盾与外部冲突，[4] 直接导致检察官在行使公诉裁量权的过程中面临诸多现实困境。其一，检察官在诉讼程序中的角色定位是导致其客观义务内在矛盾的根源。作为控方本身会有胜诉的强烈欲望，其诉讼中的利益与被追诉人相对，而作为法律的守护人就应维护法的客观公正，作出有利

---

① 龙宗智：《检察官客观义务的基本矛盾及其应对》，《四川大学学报（哲学社会科学版）》2014 年第 4 期。

② 程雷：《检察官的客观义务比较研究》，《国家检察官学院学报》2005 年第 4 期。

③ 樊崇义等：《刑事诉讼法再修改理性思考》，中国人民公安大学出版社 2007 年版，第 373 页。

④ 所谓内在矛盾，主要指检察官作为侦查、控诉官员的当事人角色，与其作为法律官员尤其是作为司法官员的客观公正和中立要求有内在矛盾；所谓外部冲突，主要是指强化检察官客观义务，伴随着对作为前置条件的检察官优越地位的认可，包括确认职权主义的刑事诉讼构造以及检察官作为司法官的特殊身份，由此可能妨碍两造平等和诉讼构造的平衡。参见龙宗智：《检察官客观义务的基本矛盾及其应对》，《四川大学学报（哲学社会科学版）》2014 年第 4 期。

于被追诉人的决定，两种角色的冲突往往使得检察官在行使公诉裁量权时无所适从。其二，强调检察官的客观义务等于承认控方有超越辩方的优势地位，控辩平等的诉讼构造易成为一种理想化模式。其三，客观义务具有自律性，虽然使得检察官在行使公诉裁量权时产生一种内心的约束与基本的导向，但这种约束毕竟缺乏刚性与强制力，并且难以具体化。此外，检察官遵循客观义务行使公诉裁量权也面临角色定位导致的心理冲突及体制、机制等局限。因此，"为了限制检察官裁量权的滥用，必须将客观义务具体化，这不仅可以给检察官履行客观义务提供明确的指引，而且有助于判断和衡量客观义务履行的程度及其优劣"。①同时，为防止权力与权利的失衡，必须构建相应的制约机制与合理的保障措施。

三、公共利益原则

从检察制度的起源来看，法国的国王代理人制度正是基于维护国王的利益而产生的。资产阶级革命后，检察官逐步发展为公共利益的代表，可见，公共利益是检察制度产生的基础，公诉的根本目的也必然是维护公共利益。从这个角度而言，现代公诉制度就是一种"公共利益性质的诉讼"。②联合国《关于检察官作用的准则》也规定：检察官在履行其职责时应保证公共利益，按照客观标准行事，适当考虑到嫌疑犯和受害者的立场等。因此，检察官在行使公诉裁量权时必然要考虑公共利益。

既然对公共利益的衡量是检察官行使公诉裁量权的重要标准，那么如何界定刑事诉讼中的公共利益至关重要。关于公共利益的具体内涵，没有统一的标准，各国的表述也不尽相同。例如，根据英国《皇家检控官规则》，公诉应当满足两个标准：证据标准与公共利益标准。其中，"有定罪实际可能"的证据标准是起诉的必要条件，但不是充分条件，只有同时满足"为了公共利益"要求才可以提起公诉。同时，英国《皇家检控官规则》采用分类列举的方式将公共利益划分为支持起诉的公共利益与反对起诉的公共利益。其中，支持起诉的公共利益包括使用了武器或者以暴力相威

---

① 韩旭：《检察官客观义务论》，法律出版社 2013 年版，第 130 页。
② ［法］卡斯东·斯特法尼：《法国刑事诉讼法精译（上）》，罗结珍译，中国政法大学出版社 1998 年版，第 114 页。

胁；被告人是权力机构或者信用部门的现职人员；犯罪是有预谋的；犯罪是针对公务人员（例如警察、狱警，或护士）等。而反对起诉的因素诸如犯罪行为非常轻微，法庭只会判以象征性的处罚；被告人年迈、重病、精神不正常；起诉对被害人可能有很坏的影响等。美国《联邦检察官起诉准则》也规定了公诉要符合"实质的联邦利益"的公共利益标准，并将其具体化为若干要素：联邦执法优先原则；违法行为的性质和严重程度；起诉产生的预防犯罪作用；罪责；犯罪记录；是否愿意合作；被告人的个人情况；可能判处的刑罚等。德国《刑事诉讼法》虽然没有对公共利益作出英美国家那样具体的规定，但规定了基于公共利益的各种不起诉，例如，规定了"罪责轻微且不存在进行追诉之公共利益"的案件可以不起诉。

综观各国的公诉制度，检察官在决定是否起诉时都要遵循维护公共利益的原则，概括来说，公共利益的要素包括国家利益、社会利益等。遵循公共利益原则，检察官行使公诉裁量权时不仅要平衡公共利益各要素之间的关系，更要结合个案的具体情况进行综合考虑。另外，也将检察官的公诉裁量权限定在一个大致的框架内，防止权力的滥用与无限扩张，从而实现公正与效率等最终价值目标。同时，公共利益原则也能够规范检察官的裁量过程，使其更加合理化、合法化。[①] 由此可见，各国普遍将公共利益作为公诉裁量的基本原则，主要基于以下几个方面的考虑："一是因为检察官是公共利益的代表者，在是否提起公诉、追诉犯罪等问题上，必须在全面衡量公共利益的基础上作出恰当的决定；二是公共利益原则既为检察官自由裁量权的行使提供依据，又对检察官行使自由裁量权形成制约；三是可以最大限度地发挥检察裁量制度的司法作用，增强司法的社会效果和公信力。"[②]

我国《刑事诉讼法》没有明确将公共利益规定为检察官行使公诉裁量权时应遵循的基本原则，而是通过《中华人民共和国刑法》（以下简称《刑法》）将公共利益的各要素确定为定罪、量刑的标准，这就意味着本来不应当被提起公诉或者应当通过裁量不起诉在审前程序中解决的案件，都进入了审判程序，不能实现公诉裁量权特有的案件过滤与程序分流的功能。从这个角度而言，我国应在公诉裁量的立法与实践中，以公共利益作为基

---

① 蔡巍：《检察官自由裁量权比较研究》，中国检察出版社 2009 年版，第 183 页。
② 王守安：《检察裁量制度的理论与实践》，中国人民公安大学出版社 2011 年版，第 18 页。

本指导原则，将犯罪的社会危害性、犯罪行为人的具体情况、犯罪后的表现及提起公诉对国家和社会的影响等各种公共利益因素作为公诉裁量的依据，而不是仅仅作为审判程序中定罪、量刑的标准，公共利益原则也应体现在公诉裁量权的实施及程序性控制过程中。

第六节　公诉裁量权运行的影响因素

前述基本理论与基本原则对于公诉裁量权的实施及其程序性控制具有基础性的理论意义，除此之外，诉讼构造与刑事政策也对其产生直接的作用，不仅影响着公诉裁量权的实施，也影响着公诉裁量权程序性控制体系的构建。

一、诉讼构造的影响

"刑事诉讼的构造或者结构是指刑事诉讼中控诉、辩护和裁判三方诉讼主体的诉讼地位和法律关系。"[①] 同时，刑事诉讼构造有横向与纵向之分，"横向构造"是指在刑事诉讼的某个阶段上控诉方、辩护方和裁判方的地位及相互关系，是一种静态的法律关系；"纵向构造"是指在整个诉讼程序中控诉方、辩护方和裁判方之间的相互关系，主要包括"侦诉关系"与"诉审关系"。也有学者认为刑事诉讼构造是"由一定的诉讼目的所决定的，并由主要诉讼程序和证据规则中的诉讼基本方式所体现的控诉、辩护、裁判三方的法律地位和相互关系"。[②] 刑事诉讼构造内在反映了刑事诉讼目的，外在表现为具体的刑事诉讼模式，从宏观上影响着各项诉讼权利（权力）的运行及具体制度的构建，公诉裁量权问题也不例外。

探究诉讼构造对于公诉裁量权的影响应从公诉在诉讼程序中的地位入手。由于公诉处于侦查与审判的中间环节，诉讼构造决定着公诉裁量权的

---

① 陈瑞华：《刑事诉讼的前沿问题（第二版）》，中国人民大学出版社 2007 年版，第 91 页。
② 李心鉴：《刑事诉讼构造论》，中国政法大学出版社 1998 年版，第 7 页。

运行，在"纵向构造"上，虽然公诉裁量权决定某些案件的程序运行与分配，甚至对整个诉讼过程起着动态平衡的作用，但其作用的发挥都受检警关系、检审关系的影响；另外，公诉属于审判前程序，相对于审判程序而言，是否存在以裁判为中心的诉讼构造对于公诉裁量权的实施及程序性控制意义重大。

　　关于刑事诉讼中的检警关系，从理论上通常划分为"检警一体模式"与"检警分离模式"，划分的标准是在侦查过程中检察官与警察的职能关系。在"检警一体模式"下，检察官享有领导、指挥侦查的权力，警察在侦查活动中起辅助作用；而在"检警分离模式"下，警察享有侦查权，承担主要的侦查任务，检察官一般不参与案件的侦查，两种模式虽然在理论上存在较大区别，但纵观各国侦查中的实际情况，侦查基本都是由警察负责，检察官进行公诉审查的主要依据就是警察提供的侦查案卷。"如果审查起诉结束之后，大量案件都被检察官作了不起诉处理，那么一方面将打击警察侦查犯罪的积极性；另一方面，警察所坚持的道德准则、纪律准则将受到质疑。所以，检察官在行使自由裁量权特别是不起诉裁量权时，要特别考虑对警察的影响。"[1] 由此可见，侦查权会对公诉裁量权的行使产生影响。

　　关于刑事诉讼中的检审关系，控审分离原则决定了法院对案件实行不告不理，换言之，对于未提起公诉的案件法院无权审理。但是，并非检察官的起诉决定必然启动审判程序，刑事诉讼中的诉讼条件论对起诉裁量权形成了一定的制约。法官在决定开庭审理前首先要审查公诉是否满足一定的诉讼条件，这种诉讼条件也就是公诉条件。审查公诉条件的目的是保证追诉活动的正当性，防止检察官滥用起诉权，对于不当追诉法官可以决定不予立案。同时，法院的受案及裁判情况对检察官行使起诉裁量权具有一定的指引作用，检察官可以据此对提起公诉的结果进行预测，进而影响起诉裁量权的实施。例如，有些案件即使起诉到法院可能也会因为不符合公诉条件而被退回，或者裁判结果不符合检察官的预期，基于对这些情况的考虑，检察官往往会慎用起诉裁量权。可见，诉讼构造中的检审关系对检察官的起诉裁量权滥用能够形成一定的制约，但是对于不起诉裁量权的滥

---

[1] 蔡巍：《检察官自由裁量权比较研究》，中国检察出版社 2009 年版，第 197 页。

用却缺乏相应的制约机制。

审判前程序中是否具有基本的诉讼构造形态，直接影响公诉裁量权的程序性控制，尤其是否确立了司法审查机制是起诉裁量权程序控制的关键。"刑事诉讼结构或刑事诉讼模式变迁的历史不仅是国家权力配置方式演变的历史，更是司法权或审判权分离独立进而扩张与抑制的演进史。"① 刑事诉讼构造的理论基础就是以裁判为中心，通过权力的分立与制约，防止不当追诉对被追诉人诉讼权利的侵犯。"由于分权模式比检察官垄断起诉更加有利于防止起诉权的滥用，因此，一些国家仍保留着由司法机关决定重罪案件是否起诉的传统。"② 就我国而言，审判前程序由警察与检察官主导，法官不介入，未形成以裁判为中心的基本诉讼构造，加之公检法"分工负责"的组织模式，检察机关起诉决定建立在公安机关移送的侦查案卷基础上，检察官的公诉裁量权缺乏必要的监督与制约，这也是实践中很多问题产生的根源。

二、刑事政策的影响

刑事政策的概念在西方国家的提出源自德国法学教授克兰斯洛德和费尔巴哈。"克兰斯洛德认为，刑事政策是立法者根据各个国家的具体情况而采取的预防犯罪、保护公民自然权利的措施；费尔巴哈则认为，刑事政策是国家据以与犯罪做斗争的惩罚措施的总和，是立法国家的智慧。"③ 在我国，刑事政策不同于刑事立法与司法，而是国家根据特定社会发展时期犯罪的整体态势，用以指导刑事立法、司法的总体方针、政策及措施的总称，往往也被界定成社会公共政策的一种，"刑事政策是一定社会对犯罪反应的集中体现，也是一个社会公共政策的问题"。④ 从政治的层面来看，刑事政策也属于政治决策的范畴，因而学者提出了刑事政治的概念，认为"只有将刑事政策上升到政治的层面，才有可能考虑市民社会在刑事政策体系中的地位和作用，政治国家与市民社会双本位的二元犯罪控制模式的

---

① 詹建红：《刑事诉讼契约研究》，中国社会科学出版社 2010 年版，第 99 页。
② 宋英辉、吴宏耀：《刑事审判前程序研究》，中国政法大学出版社 2002 年版，第 301 页。
③ 蒋熙辉：《西方刑事政策主要流派及其评价》，《检察日报》2008 年 4 月 17 日第 3 版。
④ 陈兴良：《宽严相济刑事政策研究》，《法学杂志》2006 年第 1 期。

实现才是可能的"。①

1. 刑事政策与公诉裁量权的关系

一个国家的刑事政策通常具有全局性、根本性的特点，相对于法律的稳定性而言，刑事政策往往是根据特定阶段的社会发展、国家政策及犯罪势态的变化而不断进行调整的，换言之，不同时期的刑事政策不尽相同。"二战"以后基于人道主义精神，西方国家普遍倾向于刑罚轻缓化，在"轻轻重重"②的基本刑事政策下更注重"以轻为主"，即对犯罪的轻刑罚或非刑罚化处理。但进入 20 世纪 70 年代，西方国家犯罪量大幅度增长，犯罪类型更加复杂，为应对该时期的犯罪浪潮，各国普遍将刑事政策由"以轻为主"调整为"以重为主"。例如，英国由长期以来奉行的"严而不厉"的刑事政策转为针对某些犯罪实行的"严而又厉"政策。正是基于这种灵活性与针对性，刑事政策可以有效弥补法律的局限性，也才有其存在的合理性。刑事政策对刑事立法与司法实践均起到指导作用。

检察官的公诉裁量权可以说是反映国家刑事政策的"晴雨表"，刑事政策的指导作用直接体现在公诉裁量权立法与司法中。刑事政策也反映了国家打击犯罪态度上的总体倾向性，也受社会发展程度、犯罪形势及司法传统与理念的影响。因而，基于上述因素的综合考虑，当国家实行轻刑罚的刑事政策时，往往会从立法上扩大检察官的不起诉裁量权，在司法实践中体现为大量适用不起诉或起诉替代措施，起诉率下降，大量案件在审前程序中被过滤或分流；反之，在从重处罚的刑事政策指导下，则会从立法上限制检察官的不起诉裁量权，放宽对起诉裁量权的制约，在司法实践中的直接体现就是起诉率的上升。由此可见，刑事政策通过对检察官公诉裁量权的调节作用，不仅影响着部分案件处理结果及刑事诉讼程序的整体走向，并能够最终决定进入法庭审判的案件数量，进而影响法院的审判压力、司法资源的分配及审判质量等。

2. 我国"宽严相济"的刑事政策对公诉裁量权的影响

我国刑事政策对司法程序的指导原则确立已久。早在 1956 年，党的

---

① 卢建平：《作为"治道"的刑事政策》，《华东政法学院学报》2005 年第 4 期。

② "轻轻"就是对轻微犯罪，包括偶犯、初犯、过失犯等主观恶性不重的犯罪，处罚更轻；"重重"就是对严重犯罪，处罚较以往更重。转引自杨春洗：《刑事政策论》，北京大学出版社 1994 年版，第 397 页。

"八大"就提出"对反革命分子和其他犯罪分子一贯的实行惩办与宽大相结合的政策",并将"惩办与宽大相结合"的刑事政策明确规定在1979年《刑法》中。进入20世纪80年代,为了应对社会转型期出现的大规模犯罪浪潮,"严打"成为我国刑事政策的主旋律,从重、从快、严厉打击刑事犯罪成为该时期司法程序的主要任务。在此背景下,不起诉裁量权几乎没有存在的空间,对轻微犯罪的从重处理反而引起了更多社会矛盾。在总结经验与教训的基础上,我国在2005年全国政法工作会议上明确提出"宽严相济"的刑事司法政策。现代刑事诉讼程序要保障打击犯罪与保障人权之间的平衡,不可偏颇,刑事政策的倾向性亦不可畸重或畸轻。从这个角度而言,我国确立"宽严相济"的刑事司法政策有其科学内涵,也必然影响着公诉裁量权的运行与发展趋势。

"宽严相济"是我国现阶段的总体刑事政策,有学者对其内涵从刑法学的角度进行了阐述:"'宽'是指刑罚的轻缓,从罪行均衡与感化犯罪人的不同侧重提出该轻而轻与该重而轻两种情形;'严'是指严格与严厉,即严格执法不放纵犯罪,并且对严重犯罪行为进行严厉打击;而'济'则是指协调与结合,强调的是'宽'与'严'之间的相互衔接与平衡。"① 从刑事诉讼法学的角度,"宽严相济"的刑事政策对公诉裁量权立法与司法的指导意义可以理解为:"宽"意味着立法上扩大检察官的不起诉裁量权、扩展适用不起诉的案件范围及增加公诉替代措施的种类,司法上对符合条件的案件尽量以起诉外方式处理;"严"意味着对于严重犯罪提起公诉,而不能以审判外方式放纵犯罪;"济"则意味着"宽"与"严"的有机统一,发挥公诉裁量权的程序分流作用,使犯罪轻微、社会危害性不大的案件在审前程序中得以解决,法庭负责审理严重、复杂的案件,从而实现司法资源的有效配置。实体法与程序法的相互配合,充分发挥刑事政策在刑事司法领域内的指导作用。

"宽严相济"是我国在总结"严打"路线经验与教训的基础上,结合构建和谐社会的时代背景下提出的刑事政策。我国20世纪80年代初实行的"严打"政策是在社会转型期为应对犯罪急剧增长而提出的,虽然在特定的历史时期发挥了有效遏制犯罪的积极作用,但经验证明,"一刀切"

---

① 陈兴良:《宽严相济刑事政策研究》,《法学杂志》2006年第1期。

式的从严打击犯罪不仅不能从根本上解决矛盾，也忽视了对人权的保障，甚至引发更大的社会矛盾，治标不治本。随着社会文明化、法治化的进程，构建和谐社会成为当今时代的主题。而"和谐社会需要有一种能够不断解决矛盾和化解冲突的机制"。① 犯罪引发了人与人之间、人与社会之间以及人与国家之间的各种矛盾，而刑事诉讼是化解矛盾的主要方式，构建和谐社会，必然要求刑事诉讼的主要功能调整为消弭社会冲突，促进和保障和谐社会的发展。

2007 年 1 月 15 日，最高人民检察院颁布了《关于在检察工作中贯彻宽严相济刑事司法政策的若干意见》，明确规定：检察机关在审查起诉工作中，应当严格依法把握起诉和不起诉条件，充分考虑起诉的必要性，可诉可不诉的不诉。"宽严相济"的刑事政策作为国家处理犯罪问题的倾向性态度，要求检察官在行使公诉裁量权时应当更倾向于"从宽处理"，通过对犯罪社会危害性、具体情节及犯罪行为人的主观恶性等方面的综合考虑，扩大不起诉的案件范围，不仅有利于社会矛盾的修复、犯罪行为人的社会回归以及预防犯罪，也能够通过程序分流，提高诉讼效率，实现司法资源的有效配置。因而，扩大检察官的不起诉裁量权是我国现阶段贯彻"宽严相济"刑事政策的必然选择。但同时也应当意识到，不起诉裁量权的扩张也易引发权力的滥用，因此，对不起诉裁量权的程序控制必须与权力的扩大保持同步。

---

① 王利明：《法学家眼中的和谐社会：和谐社会应当是法治社会》，《法学杂志》2005 年第 5 期。

第三章　域外公诉裁量权的运行与控权模式

公诉裁量普遍存在于西方法治国家的刑事司法程序中，但各国公诉裁量权的具体样态及程序性控制措施却由于不同的法律文化传统、司法理念、政治体制等而各具特色，并且随着全球经济一体化的发展、犯罪形势的变化，公诉裁量权在各国的司法实践中亦有新发展。通过对其他国家公诉裁量权的研究来审视中国的问题，对规范我国公诉裁量权的运行，构建有效的程序性控制体系都具有重要的现实意义。对我国与西方国家的公诉裁量权展开比较研究，需建立在以下几个前提之下：首先，各国面临相似的犯罪问题。虽然每个国家的刑事司法理念、制度框架等不尽相同，但总体而言，所面临的犯罪现实状况是相似的。例如，犯罪的新发展趋势、因犯罪引发的社会矛盾、司法资源有限等，这构成了比较研究的现实基础。其次，诉讼模式的逐步融合。众所周知，刑事诉讼的模式在西方国家形成了两大基本类型，即大陆法系国家的职权主义模式与英美法系国家的当事人主义模式，两种模式各有优劣。随着现代刑事司法制度的发展，大陆法系国家不再严格固守职权主义模式，而是通过不断吸收英美法系国家当事人主义模式的合理内核进行自我完善，英美法系国家亦然，两种模式有逐渐融合的趋势。也有一些国家通过直接借鉴两种模式的优点，在本国刑事司法框架基础上形成了新的诉讼模式——混合式诉讼模式，日本就是典型代表。我国的刑事诉讼模式虽然接近大陆法系国家的职权主义模式，但在近些年的发展过程中也同时吸收了当事人主义模式的合理之处，并形成了具有中国特色的社会主义诉讼模式。各国公诉裁量权的运行都离不开刑事诉讼的整体框架，这也是进行比较研究的制度基础。最后，对正义与效率追求的一致性。无论各国以何种方式解决犯罪问题，都既要实现犯罪追诉的任务，又要保障无辜的人不受法律追究，"不枉不纵"是基本的正义要求。同时，面对高犯罪率与司法资源的有限性，对效率的追求也必不可少，对公正与效率的共同要求也成为比较研究的根本价值基础。

对公诉裁量权的程序性控制进行比较研究，要以公诉裁量权的存在样态为基础。换言之，程序性控制的目的是规范检察官的公诉裁量行为，并针对权力滥用的可能，为被侵权人设置相应的救济途径。比较研究中应当注意的是，各国公诉裁量权的实施与控制都是在由本国司法理念、制度背景等构成的特定运行环境下进行的，脱离其运行环境而将某一具体制度或措施进行单独研究或者盲目借鉴是无意义的。据此，笔者对域外各国的公诉裁量权进行比较研究时遵循以下基本脉络：第一步，确立比较范例，分别选取德国与法国作为大陆法系的代表国家，英国与美国作为英美法系的代表国家，日本作为混合制的代表国家。第二步，确立比较内容，比较研究建立在对各国刑事司法框架，尤其是公诉理念与制度简要介绍的基础上，比较的内容为公诉裁量权的实施与程序性控制。具体而言，根据公诉裁量权在司法实践中的存在样态，分别对三种诉讼模式下公诉裁量权及其程序性控制展开深入研究，并对不同模式下公诉裁量权的程序性控制进行一般特征总结。第三步，在对其他国家公诉裁量权的程序性控制进行比较分析的基础上，通过模式划分探究公诉裁量权的运行与控制之一般规律，并根据我国的实际情况，从程序性控制的角度提出新的模式划分标准。

第一节　大陆法系国家的公诉裁量权

大陆法系国家的刑事司法程序具备以下共同特征：强调发现案件事实真相，程序设计理念注重探求实体真实，形成了职权主义模式的诉讼构造，实现检察官指挥侦查的检警一体化等，这些特征决定了各个大陆法系国家对于公诉裁量权的实施与控制具有一定的相似性。总体而言，立法上赋予检察官的自由裁量权较小，并且各种制约措施也严格限制了自由裁量权的发挥。笔者选取了法国与德国这两个典型的大陆法系国家作为研究范例，进而归纳出大陆法系国家公诉裁量权及其程序性控制的一般特征。

一、法国公诉裁量权的实施与控制

法国是大陆法系国家的典型代表，其诉讼理念和法律思想推崇国家利益高于个人利益，而其职权主义特征在刑事诉讼中集中体现为对权力的全面控制和对司法权的集中行使与管理。法国的刑法将犯罪按严重程度分为违警罪、轻罪和重罪三类，并依此确立刑事法院类别、管辖权及刑罚种类与幅度。根据不同类型的犯罪，刑事诉讼程序大致分为追诉阶段、预审阶段和审判阶段。在追诉阶段，检察官起主导作用，司法警察作为检察机关的助手，起辅助性作用；在预审阶段，预审法官负责案件的侦查活动，并在侦查终结时决定案件是否交付法院进行审判，对于重罪还需要经过两级预审；在审判阶段，由审判法官完成审判职能。

共和国检察官在刑事诉讼中居于原告的地位，但又不同于民事诉讼中的原告，因为其行使的诉权属于全社会，只是代表国家追诉犯罪而不能任意处分这种诉权，检察官也被称为"刑事诉讼中的公共当事人"。基于这一诉讼理念，法国大革命时期采取起诉法定主义，共和国检察官面对案件只能作出起诉或不起诉的决定，不存在自由裁量权，更不允许与犯罪行为人进行讨价还价的辩诉交易，这也是大陆法系职权主义与英美法系当事人主义的重要区别。但在起诉法定主义长期的发展过程中，其弊端逐渐显现，为减轻司法负担、提高诉讼效率，法国逐步摒弃了单一的起诉法定主义，以立法的形式将起诉便宜主义也确定为刑事诉讼的基本原则。根据《法国刑事诉讼法典》的相关规定[①]，检察官根据向其提交的各项材料对于已知身份和住所的人实行的犯罪案件，可以决定：提起追诉、实行追诉的替代程序或者不予立案。历经三十余年的发展，检察官的公诉裁量权在刑事诉讼程序中不断扩大，大部分案件在公诉程序中即被分流。不予追诉率在法国非常高，根据现有统计，"大约80%告诉或告发到检察院的轻罪案

[①] 《法国刑事诉讼法典》（2008年5月6日实施之法典）第40-1条：有地域管辖权的共和国检察官认为其依据第40条之规定知悉的行为已构成犯罪，并且是由已知身份与住所的人所实施，在没有任何法律规定妨碍对此犯罪行为提起公诉时，如其认为适当，得决定：（1）发动追诉；（2）适用第41-1条或第41-2条之规定实行可以替代追诉的程序；（3）在与犯罪行为之实施相关联的特别情节证明有此必要时，作出不予追诉的决定。

件都是以不予追诉决定终结的。对违警罪，不予追诉的比例更高"。①

1. 公诉裁量权的制度体现

共和国检察官在知悉犯罪发生或接到受害人等告诉后，应当对案件的"合法性"与"适当性"进行审查。"合法性"审查的目的是确认追诉是否具备法定条件，包括实体性条件与程序性条件两个方面，前者要求犯罪追诉有事实依据，如存在犯罪事实，并且不属于免责范围等；后者要求案件在程序上具有可受理性，即检察官有管辖权，未超过诉讼时效等。检察官根据上述两方面的审查结果作出发动追诉、不予立案或者实行追诉替代措施的决定。可见，"合法性"是检察官对犯罪行为进行追诉的法律依据，而"适当性"则是公诉裁量的依据。追诉审查的结果体现了公诉裁量权的两种样态：起诉裁量权与不起诉裁量权。起诉裁量权是检察官认为案件符合追诉的"合法性"与"适当性"而决定进行追诉的权力；不起诉裁量权是检察官在案件符合"合法性"的前提下，基于"适当性"的权衡而决定不提起追诉或者适用公诉替代程序的权力。

对于起诉裁量权，检察官决定进行追诉后还涉及预审程序②，根据案件性质通过预审程序、直接传讯或者直接出庭三种方式发动公诉。预审程序也就是预审法官对案件进行的正式侦查程序，预审结束后，"预审法官根据调查结果最终作出不予起诉决定和向审判法院或驻上诉法院检察长移送案件的决定"。③具体而言，预审法官独立行使职权，如果认为犯罪证据不充分或者认为没有必要继续追查时，可作出终止审查、不移送起诉裁定；如果认为证明有罪的证据充分则作出向审判法庭移送案件的裁定，由检察官代表国家提起公诉。在法国，由预审法官进行正式侦查的案件并不多，"检察院提起追诉的案件中实行侦查程序的案件少于7%"。④需要注意的是，追诉决定一旦作出是不可撤销的，也就意味着提起公诉权的行使具有不可逆性。

考察法国的不起诉裁量权应当从不起诉的类型入手。法国的不起诉包

---

① 魏武：《法德检察制度》，中国检察出版社2008年版，第55页。
② 根据法律规定，重罪的预审是强制性的，轻罪中除未成年人犯罪等特殊情况外预审是任意的，而违警罪根据检察官的要求才进行预审，但对于未成人实行的第五级违警罪而言，预审仍具有强制性。
③ 宋英辉、孙长永、朴宗根等：《外国刑事诉讼法》，北京大学出版社2011年版，第216页。
④ ［法］贝尔纳·布洛克：《法国刑事诉讼法（第21版）》，罗结珍译，中国政法大学出版社2009年版，第344页。

括无条件不起诉与有条件不起诉，而自从 1999 年附条件不起诉被确立后，检察官通过行使裁量权作出的无条件不起诉在实践中的适用数量大幅减少。法国检察官作出的不起诉决定是一项暂时性的行政化决定，不具有司法裁判性，且不具有终局性，检察官在追诉时效内随时可以改变已作出的不起诉决定。"现在立法者总体上所称的公诉替代程序包括有条件不起诉、刑事调解和刑事和解。"① 统计数据表明，"有将近一半的轻罪案件都是以不予立案决定而终结；对于违警罪而言，不予立案的比例更高。在共和国检察官应当承认某种交易原则的特定案件中，是否作出不立案决定取决于是否达成进行交易的协议。此外，实行追诉替代程序也可以引起不予立案的情况增多，特别是在可以确保对受害人进行赔偿的刑事调解情况下更是如此"。②

公诉替代措施是介于发动追诉与不予立案之间的刑事案件解决机制，根本目的是在打击犯罪的同时最大限度地提高诉讼效率，避免司法资源的浪费。通过不起诉裁量权的行使，公诉替代措施在法国起到了重要的程序分流作用。公诉替代措施，本质上就是一种通过法定措施替代立即起诉的暂时不起诉制度，而根据措施的不同性质，理论上可分为赔偿性替代措施与惩罚性替代措施。顾名思义，赔偿性替代措施是以赔偿被害人的损失为主要目的，包括法律提醒、刑事调解等；而惩罚性替代措施则主要指刑事和解，是检察官针对轻微犯罪通过作出相应的刑罚命令来替代正式起诉，类似于英美法系国家的辩诉交易制度。"2005 年，在检察机关追诉的677107 个案件中，有 421169 个案件适用起诉替代措施处理，占所有起诉案件的 62.2%。"③

（1）刑事调解，是一种在司法框架内、以非司法途径解决冲突的方式。法国司法部在 2004 年 3 月 16 日的通函中对刑事调解的含义做了明确的界定：通过召集会见，在第三者主持下，建立犯罪行为人和被害人之间的联系，目的是就赔偿方式与修复关系达成协议。法国的刑事调解制度建立在各方同意的基础上，一方面，对于是否适用刑事调解，只有检察官有

---

① 魏武：《法德检察制度》，中国检察出版社 2008 年版，第 54 页。
② ［法］贝尔纳·布洛克：《法国刑事诉讼法（第 21 版）》，罗结珍译，中国政法大学出版社 2009 年版，第 336 页。
③ 魏武：《法德检察制度》，中国检察出版社 2008 年版，第 55 页。

决定权，犯罪行为人与受害人均不能主动提出；另一方面，即使检察官决定适用刑事调解也必须以尊重犯罪行为人与受害人的意愿为前提，只要有一方不同意也不得适用。如果双方达成调解协议并实际履行，案件将不再进行追究。

（2）刑事和解，是在"刑事指令"①的基础上发展而来的，具体是指共和国检察官在提起公诉之前与犯罪行为人就是否起诉进行交易，如果交易达成检察官可以作出不起诉决定，刑事和解也是一种公诉替代措施。《刑事诉讼法典》对刑事和解适用范围与程序作出了具体规定，而刑事和解的适用范围根据 2004 年 3 月 9 日的法律扩大至所有可能判处 5 年以下的轻罪（但有例外，如过失杀人）和所有违警罪。是否与犯罪行为人进行刑事和解由检察官决定，如果控辩双方达成和解协议，检察官向法院院长请求确认，一旦法院院长确认请求的有效性并且犯罪行为人履行完毕，公诉即告消灭。反之，如果和解请求的有效性未得到确认、犯罪行为人不接受或不执行，检察官应当发动公诉。20 世纪 90 年代，"法国出现了'和解普遍化运动'，其宗旨是在公共秩序受到严重扰乱的情况下，鼓励当事人和解，以减轻轻罪法院的负担。"②

（3）庭前认罪程序，指根据法国《刑事诉讼法典》第 495-7 条的规定，对于应当判处的主刑是罚金或者 5 年以及 5 年以下监禁刑的轻罪，且犯罪行为人主动认罪，检察官可以依职权或者应当事人或其律师的请求，适用庭前认罪程序。对于检察官提出的刑罚经法院院长或委派的法官认可后所作出的裁定等同于有罪判决，但仍可向上诉法院进行上诉；反之，如果犯罪行为人拒绝接受检察官提出的刑罚建议或者法院未予认可，则检察官应提起公诉。

（4）简易程序，在法国刑事诉讼中专指刑事处罚令程序，是德国诉讼程序的舶来品，1972 年 1 月 3 日被正式写入法典。简易程序发展至今仍只适用于违警罪，并成为违警罪中最普通、最常见的司法裁判方式。可见，法国检察官对于符合起诉"合法性"的案件，在决定是否提起公诉时享有广泛的自由裁量权。同时，为避免裁量权的滥用，法国也设立了相应

---

① 1995 年立法者提出的刑事指令是指没有法官的参与而完全在检察官与犯罪行为人之间进行的公诉交易，宪法委员会以其违宪予以排除。
② 李建玲：《被害人视野中的刑事和解》，山东大学出版社 2007 年版，第 99 页。

的公诉裁量权制约机制，具体的控制措施取决于适用的公诉替代程序。

2. 公诉裁量权的程序性控制措施

共和国检察官审查案件是以"合法性"与"适当性"为基本标准进行评判的，这一过程本身就蕴含了自由裁量权的行使，为防止公诉裁量权的滥用及保障当事人的诉讼权利，立法者根据检察官起诉裁量权与不起诉裁量权的行使，分别设立了相应的程序性控制措施。

（1）对于检察官决定不予追诉的不起诉裁量权，程序性控制体现在三个方面：一是来自上级的监督，如果检察长或者司法部长认为不予追诉决定有误，可以向作出决定的检察官发出指示，依据"检察一体化原则"，检察官对上级的命令必须服从，而当告诉人或受害人不服不予追诉决定时，同样可以向作出不予追诉决定的检察官的上级申诉，以此实现权利救济。二是来自受害人的权利制约，检察官决定不予追诉时，受害人可以通过向刑事法院提起民事诉讼发动公诉，但是在犯罪只侵犯社会利益而没有受害人的案件中，这种监督方式难以发挥作用。三是来自上诉法院预审法庭的监督，这种监督主要适用于检察官对于应当追诉的某些人或者某些事实未进行追诉的情形。上诉法院预审法庭可以依职权启动全面审查，但是在检察官不对任何人或任何事进行追诉的情况下，这种监督方式便受到极大限制。

（2）对于检察官决定追诉的起诉裁量权，则根据案件是否需要经过预审适用不同的程序性控制措施。通过上述对法国刑事诉讼程序的简要介绍可知，在检察官决定追诉的案件中，重罪及某些法律特别规定的轻罪、违警罪必须经过预审，由预审法官对案件进行侦查并作出是否移送起诉的裁定，但该裁定不是终局的且不具有司法裁判的性质，可以向上诉法院预审法庭提出上诉。虽然有些案件预审是任意性的，但无论是强制性预审抑或是任意性预审，检察官是否进行公诉都只能根据预审法官作出的最终裁定。由此可见，预审制度的设置，是通过法官的审查对检察官的公诉裁量权进行的一种程序性控制，是司法权对行政权的制约。对于无须预审直接由检察官作出的追诉决定，则不存在上诉途径。

各类公诉替代措施本质上都是附有一定条件的不起诉，只是表现方式上存有差异，并且涉及的都是轻微犯罪行为。检察官虽然有权决定是否适用刑事调解等公诉替代措施，但程序上也要受两方面控制：一方面，提出的措施或达成的协议要经法院确认其有效性；另一方面，以犯罪行为人认罪并愿意赔偿损失或履行法律规定的义务为前提。由此可见，对于公诉替代措施的适用也存在法院的司法权控制。

二、德国公诉裁量权的实施与控制

德国刑事诉讼法的形成和发展深受源于古罗马法的意大利法和法国法的影响，具有浓厚的大陆法系职权主义色彩。德国刑事诉讼法对中国产生了深远影响，中国的检察制度是通过学习日本辗转效仿德国建立的。德国的刑事诉讼程序有其特殊之处，分为前程序、中间程序和主程序三部分，审查起诉程序与侦查程序同步进行，统称为审判前程序。可见，检察官的审查起诉并非独立的诉讼阶段。在检警一体化的侦查模式下，检察官在领导案件侦查的同时审查该案是否具备提起公诉的条件，侦查活动的终结也就意味着检察官完成了审查起诉，根据审查结果作出提起公诉、不起诉或者发布刑罚命令之决定。

德国在历史上曾经严格遵循起诉法定原则，案件只要达到法定的起诉条件，检察机关就必须提起公诉，这就意味着排除了检察官的公诉裁量权。但是自1924年艾明格条例颁行以来，检察官的公诉裁量权逐步扩大，尤其近30年来，随着社会经济的发展，德国的犯罪率也不断上升，犯罪类型日趋复杂，加之司法资源的有限性，起诉法定原则难以应对司法实践中严峻的犯罪形势，这迫使立法者探索既能减轻司法压力、缩短诉讼程序，又能实现司法公正的刑事纠纷处理机制，起诉便宜原则应运而生。起诉便宜原则的确立使得检察官被赋予了公诉裁量权，对符合起诉条件的犯罪不再必须起诉，而是可以根据具体案情、公共利益、诉讼效率与目的等综合权衡有无追诉的必要性。1993年1月德国颁布了《减轻司法负担法》，该法旨在降低犯罪追诉的经济成本。德国以此为契机，进一步扩大了检察官终止刑事诉讼的权限。1964年德国颁布的《刑事诉讼法》第153条规定：如果犯罪行为轻微，且追究刑事责任对于公共利益又没有意义，检察机关可以通过多种途径决定终止诉讼，但原则上应征求法院同意。而现在，不仅将轻微犯罪行为的界限进一步扩大化，而且对于犯罪行为轻微且不足以被判处刑法规定的最低刑时，检察机关决定终止起诉时无须征得法院同意。

1. 公诉裁量权的制度体现

由于检察官领导侦查，侦查程序结束时检察官可以根据案件调查情况作出提起公诉或终止诉讼程序的决定。根据德国《刑事诉讼法》（2007 年 11 月 23 日修订之法典）第 170 条第 1 款的规定：侦查结果提供了足够的提起公诉理由时，检察院应当向对案件有管辖权的法院递交起诉书提起公诉。由此可见，在案件符合基本的实体性条件与程序性条件的前提下，是否具有"足够的提起公诉理由"是指导检察官起诉裁量权行使的标准，案件被提起公诉后即进入中间程序。同时，根据德国《刑事诉讼法》第 156 条规定：审判程序开始后，不能撤回公诉。

德国不起诉主要体现为以下几种情形：

（1）不予追诉，德国的不予追诉有两种情况：法定不起诉与裁量不起诉。法定不起诉，是指检察官经过审查认为提起公诉的理由不充分时，就应当停止程序，停止程序的原因可以包括诉讼已过追诉时效，根据刑法规定其行为不构成犯罪或情节显著轻微，已查明被告人无罪等，该规定与我国的法定不起诉相类似。裁量不起诉，是指根据立法的相关规定，对于"罪责轻微且不存在进行追诉之公共利益"的案件，检察院可以不予追诉。检察官应当将停止程序的决定通知犯罪行为人与受害人或检举人，并说明理由。需要注意的是，停止程序决定不是终局的，即使在没有新的事实和证据的情况下，检察官可以随时再次开始诉讼程序。

（2）附条件不起诉，主要是指根据立法的相关规定，对于轻罪经法院和被指控人的同意，检察官可以通过附加一定的条件替代提起公诉。所附的条件包括由被指控人作出一定给付弥补犯罪造成的损失，向公益机构或国库交付一定款项等。被指控人如果能按规定履行义务，检察官就可以不再追究其刑事责任；反之，检察官不仅要继续提起公诉，而且对已经履行的部分款额也将不再退还，并且可以追究不履行义务的刑事责任。从某种意义上而言，不起诉所附加的条件一般为经济给付，不起诉取决于犯罪行为人的经济状况，客观上会因贫富差异而导致司法不公，因此在德国存在争议。

（3）其他不予起诉或停止起诉的规定，德国《刑事诉讼法》第 153 条的 b、c、d、e 和第 154 条分别规定了其他可以不起诉的情况，主要包括可以不起诉、国外行为不追诉、出于政治原因不起诉、实行中止之不起诉以及几种限制追究的情况。

除上述几种情况外，检察官的公诉裁量权也体现在德国的辩诉交易程序中。近 15 年来，辩诉交易因其无可替代的优势存在于德国的诉讼程序中，直到 2009 年才正式确立。2009 年 7 月 29 日，通过了由联邦政府提交的《关于规定刑事诉讼中的辩诉交易的法律草案》，根据新增的第 257 c 条之规定，法庭可以就将要判处的刑罚后果及其他与诉讼相关的措施、诉讼行为等与诉讼参与人进行协商，法官可以对刑罚的上下限提出建议，如果检察官和被告人接受，便意味着与法庭达成一致。德国辩诉交易虽然是检察官占主导地位，但仍建立在犯罪行为人自愿的基础上，每一项协议都要有自白。辩诉交易的立法化是对德国职权主义诉讼模式的极大挑战。

德国检察官的不起诉裁量权也体现在刑罚命令程序中。发布刑罚命令是德国刑事诉讼中的一项特别程序，即在侦查终结时，对于那些仅应处以罚金或吊销驾驶执照等轻微刑罚的刑事案件，检察官可以通过直接向地方法院刑事法官请求发布刑罚命令的方式代替正式的起诉。"据统计，每年约有 15.6% 的案件通过这一程序处理。"[1] 可见，刑罚命令程序作为一种公诉替代措施，在德国刑事司法实践中占有重要地位，不仅能够通过案件程序分流减轻审判压力，也可以使罪行轻微的行为人免受诉讼之累。近 20 年来，德国刑罚命令程序的适用范围呈扩大趋势，甚至可以适用于自由刑[2]。这种不经过审判程序就可以剥夺他人人身自由的特别程序饱受争议，甚至被认为是法治的倒退。

2. 公诉裁量权的程序性控制措施

随着起诉便宜原则的确立，德国检察官的自由裁量权不断扩大。为防止权力滥用，保障当事人的诉讼权利，除了各州司法部普遍通过采用发布起诉标准的方式来对检察官的公诉活动实施法律监督外，立法上也设立了相应的程序性控制措施。

（1）法院的制约。法院对起诉裁量权的制约通过中间程序实现，对于进入中间程序的案件，由 1 名独立的法官或者由法官组成的委员会，以不

---

① 卞建林、刘玫：《外国刑事诉讼法》，人民法院出版社 2002 年版，第 26 页。

② 刑罚命令程序适用于自由刑的规定：1987 年的《刑事诉讼改革法》增加的第 408 a 条，允许开庭决定作出后，如果被告人缺席，审判程序可以转入刑事命令程序，并可以判处有期徒刑。1993 年的《减轻司法负担法》实施以来，在刑事命令程序中只要犯罪嫌疑人有辩护人代理，就可以判处 1 年以下并且缓期执行的刑罚。根据 2004 年的《司法现代化法》的规定，如果出庭支持公诉的检察官提出书面申请，并由法庭记录，法庭也可以发布处刑令。

公开审理的方式审查追诉的合法性和必要性，并作出是否进行审判的决定。[①] 经法官审理，如果认为被指控人有足够的犯罪嫌疑，则应当启动审判程序，检察官和被告人都无权撤销该决定。当然，法官也可以决定不启动审判程序，但通常要获得检察官和被告人的同意。法院也控制着检察官的不起诉裁量权，根据德国刑事诉讼法的规定，对于已经进入审判程序的案件，检察官作出的不起诉决定在绝大多数情况下必须征得法院的同意，以此实现对公诉裁量权的制约。但是在司法实践中，检察官在审判程序开始之前便直接撤销案件的做法极为普遍，在这些案件中也就无法通过法院制约检察官的不起诉裁量权。

（2）被害人的制约，主要体现在强制起诉制度中，即在检察官决定终止诉讼的情形下，被害人可以在法定期限内向上级检察官进行申诉，如果上级检察官通过审查仍维持不起诉的决定，受害人有权通过州高级法院提起强制起诉。强制起诉制度虽然是受害人对检察官的不起诉裁量权的重要制约途径，但事实表明，"强制起诉在德国司法实践中并未得到广泛运用"[②]。

（3）检察系统内部的制约，根据检察一体化的组织原则，上级检察院有权对下级办理的具体案件发布命令，下级必须服从。此外，被害人启动的强制起诉程序也必须以先向上一级检察院提出抗告为前提。

三、大陆法系国家公诉裁量权的控权分析

法国与德国是较为典型的大陆法系国家，通过对这两个代表性国家公诉裁量权相关问题的分析，可以归纳出大陆法系国家公诉裁量权的发展演变、实施状况及控制措施之普遍性特征。

首先，从公诉裁量权的确立与发展来看，大陆法系国家的公诉裁量权是在起诉法定的基础上伴随起诉便宜主义的确立而产生的，目的是缓解犯罪率上升及司法资源紧张的压力，并且在刑事司法程序中的分流作用不断得以凸显，不起诉裁量权也呈扩大趋势。其次，从公诉裁量权的实施来

[①] 宋英辉、孙长永、朴宗根等：《外国刑事诉讼法》，北京大学出版社 2011 年版，第 333 页。

[②] 陈光中、〔德〕汉斯—约格阿尔布莱希特：《中德不起诉制度比较研究》，中国检察出版社 2002 年版，第 142 页。

看，大陆法系国家实行检察官领导、指挥侦查并根据案件的具体情况作出进行追诉、不起诉、实行公诉替代措施或附条件不起诉的决定，除此之外，控辩双方就认罪与追诉进行协商的庭前交易制度也在司法实践中普遍存在。检察官对于案件的处理方式不仅可选择的范围广，而且享有绝对的主导权。最后，从公诉裁量权的控制措施来看，大陆法系国家对检察官公诉裁量权的程序性控制主要体现为不起诉裁量权的制约，控制的权利（力）来源于法官、被害方及司法部或检察机关内部。通过程序设置，法官可以进一步审查检察官的决定是否恰当；被害方可以通过向刑事法院提起民事诉讼或启动强制起诉程序等方式实现权利救济；司法部或检察机关内部根据隶属关系及检察一体化组织原则实现对公诉裁量权的监督。虽然大陆法系国家对检察官的公诉裁量权设置了多种程序控制措施，但是司法实践中也存在无法控制的真空地带。

第二节　英美法系国家的公诉裁量权

英美法系国家实行当事人主义的诉讼构造，强调控辩双方的平等对抗，相对于大陆法系国家注重实体正义而言，英美法系国家更注重程序正义，刑事诉讼程序设计蕴含着防止国家公权力对个人权利侵犯的理念。英国和美国是英美法系国家的典型代表，其诉讼理念及公诉制度也有共通之处，虽然在公诉裁量权的具体表现方面存在些许差别，但通过深入的比较分析，能够把握英美法系国家公诉裁量权的一般特征。

一、英国公诉裁量权的实施与控制

英国通常被认为是英美法系的发源地，但实际上在英国境内存在三种不同的法律制度：英格兰与威尔士的法律制度、苏格兰的法律制度和北爱尔兰的法律制度，而英国法主要是就英格兰与威尔士的法律制度而言的。此外，英国法始终遵循保护个人权利、限制国家权力及"起诉自由主义"的理念，因而其法律和刑事司法制度是以控辩双方的平等对抗与司法人员的自由裁量为基础构建的。

英国的公诉制度最具特色的是警察长期拥有侦查权与起诉权，检察机关成立较晚且在诉讼中的地位较弱。在英格兰和威尔士划分的 43 个警察管区内，警察按照每个管区的标准与规则进行起诉，但随着案件数量的不断增加，警察难以应对繁重的起诉任务，指定起诉律师协助警察起诉成为当时的选择，这样，在警察与起诉律师之间形成了委托关系，但起诉权仍然掌握在警察手中，并且警察的起诉带有私人性质、地方性和自由裁量性。但是，英国这种传统起诉制度不仅与现代诉讼理念产生了极大的冲突，而且在实践中暴露出越来越多的问题，进而推动了起诉制度的变革。英国于 1985 年制定的《犯罪起诉法》用以规范全国的起诉制度和程序，并在英格兰和威尔士建立了由检察长领导的全国性的起诉机构，主要任务是在警察提起起诉程序后对起诉材料进行审查，进而决定是否起诉。同时，为了实现起诉标准的统一，英国在 1994 年制定了《皇家检控官规则》，规定案件是否起诉应当从"证据"与"公共利益"两方面衡量，凡是符合这两个条件的案件就可以起诉，反之，该案件就不能起诉。

1. 公诉裁量权的制度体现

英国公诉制度独特的发展演变过程及当事人主义的传统理念，决定了公诉权并非皇家检察院所独有，裁量性也必然体现在多主体和多层面上。

首先，警察拥有实质上的起诉裁量权。通过英国公诉制度形成过程可知，长期以来警察行使侦查与起诉的双重职能，即使在皇家检察院成立后，警察处理案件的方式仍带有历史烙印。侦查终结，警察可以做出三种选择：无进一步行动；以告诫、签发处罚令等形式替代起诉；进行控告。其中，无进一步行动意味着案件的终结，不再进行侦查，某种意义上相当于撤销案件。告诫，是对主动供认罪行的犯罪者作出的正式警告。[①] 作为一种公诉替代措施，告诫虽然不是判决，但警方会对此有记录并将影响再犯时是否起诉。处罚令适用于轻微违法行为，是指通过支付一定的罚款来避免公诉，例如针对交通犯罪作出的固定处罚令。进行控告是指警察认为案件应当起诉而决定移送皇家检察院进行下一步的审查。"警察在完成侦查工作之后，有权决定是否对一个人提出起诉，至少有权决定是否进行控

---

① ［英］麦高伟、杰弗里·威尔逊主编：《英国刑事司法程序》，刘立霞等译，法律出版社 2003 年版，第 158 页。

告或提出指控。"[1] 由此可见，在英国，初步决定起诉的权力掌握在警察手中，而进一步审查起诉是否符合条件的权力掌握在检察官手中。侦查终结，警察对案件的三种处理方式都体现了一种实质上的追诉裁量权，并以此实现程序分流的目的。

其次，皇家检察院享有公诉裁量权。皇家检察院自1985年成立后承担了大部分案件的起诉任务。皇家检察官在许多领域都享有酌情处置权，包括是否该对一个犯罪行为提起公诉，对于已经开始审理的案件，斟酌指控是否恰当等。[2] 皇家检察官对警察移送的案卷，依据《皇家检控官规则》从"证据"与"公共利益"两方面进行审查，尤其是对公共利益的权衡，在实际案件的处理中检察官的裁量权较大。通过对证据与公共利益的审查，检察官作出的决定包括是否提起公诉、是否需要中止起诉、是否需要退回警察机关进行补充侦查，或者直接决定撤销案件。如果决定对犯罪进行指控，有两种方式：一是以控告书向治安法院提起简易起诉；二是以公诉书向刑事法院提起正式起诉。而在第二种情况下，治安法院的预审法官要对起诉是否符合条件进行再次审查。

英国检察官的不起诉裁量权也体现在缓起诉制度中，例如附条件警告，"根据《2003年刑事司法法》第22条至第27条的规定，对于一些符合起诉条件的案件，如果被告人自愿认罪并同意遵守特定条件，皇家检察官可以在指控之前作出附条件警告，并且会延缓起诉的启动。其间如果犯罪人能够遵守特定条件，起诉不再启动，反之则起诉继续进行。"[3] 该制度实际上就是附条件不起诉。

最后，除了皇家检察官与警察之外，英国还有几个机构对某些特殊案件享有侦查权与起诉权，例如严重欺诈案件调查局，负责英格兰、威尔士及北爱尔兰地区绝大多数严重、复杂欺诈案件的侦查与起诉，主要采用成立调查组的方式进行，并从"证据"与"公共利益"的标准依据《皇家检控官规则》进行审查，但如果认为符合起诉条件无须将案件移交检察官便可直接向法院起诉。

---

① 王晋、刘荣生主编：《英国刑事审判与检察制度》，中国方正出版社1999年版，第29页。
② 王晋、刘荣生主编：《英国刑事审判与检察制度》，中国方正出版社1999年版，第117页。
③ 宋英辉、孙长永、朴宗根等：《外国刑事诉讼法》，北京大学出版社2011年版，第23-24页。

2. 公诉裁量权的程序性控制措施

英国法律在赋予多个主体公诉权的同时也赋予了其极大的公诉裁量权，同时为防止权力的滥用设置了相应的程序性控制措施。

对警察起诉裁量权的控制主要体现在控告方面。警察的控告决定要经过皇家检察官的审查，但是警察如果不同意检察官的决定，"可以向首席皇家检察官报告，但这种错误的决定只有在终审裁决作出前才会被推翻。"① 而对于警察决定的"无进一步行动"与"以警告等起诉替代方式"，由其自主决定，缺乏必要的控制措施。因为警察拥有近乎完全自由的裁量权。②

对检察官公诉裁量权的控制要从起诉裁量权与不起诉裁量权两方面考察：凡是按正式起诉程序由刑事法院审判的案件，都要经过治安法院进行预审（法律另有规定的除外）。"目前在英国，绝大多数的可诉罪案件在刑事法院进行审判之前，都要经过预审程序。"③ 预审是对起诉裁量权进行程序性控制的主要方式，通过预审程序，治安法官可以根据审查结果作出相应的决定，包括驳回起诉并立即释放被告人，决定交付正式审判。预审程序设置的目的是通过司法权制约公诉权，防止不当起诉对人权的侵犯，同时也有利于规范侦查与起诉行为。

检察官的不起诉裁量权要受到来自受害人与警察两方面的制约：被害人如果不同意检察官作出的不起诉决定，可以提起自诉或请求法院进行司法审查。自诉是公民对公诉人不提起诉讼时的一种权利救济，但实践中被害人的自诉权受到公诉的制约，因为皇家检察官既可以接管自诉并继续进行，也可以终止该诉讼。警察如果不同意检察官作出的不起诉决定，根据前面所述，可以向首席皇家检察官报告，但这种错误的决定也只有在终审裁决作出前才会被推翻。此外，英国上诉法院专门成立了中立性的司法监督机构——皇家刑事司法委员会，对司法活动进行专门监督。

---

① 王晋、刘荣生主编：《英国刑事审判与检察制度》，中国方正出版社1999年版，第133页。
② ［英］麦高伟、杰弗里·威尔逊主编：《英国刑事司法程序》，刘立霞等译，法律出版社2003年版，第141页。
③ 卞建林、刘玫：《外国刑事诉讼法》，中国政法大学出版社2008年版，第37页。

二、美国公诉裁量权的实施与控制

英国法对美国法的影响非常大，不仅因为美国曾经作为英国的殖民地，深受普通法思想与制度的影响，而且美国更注重个人权利的保护，立法者将涉及公民权利和自由的诉讼行为直接上升为宪法保护。由于美国是联邦制国家，各州有独立的司法体系。总体而言，刑事诉讼程序大致可分为审前程序、审理程序和上诉程序三个阶段。在具体程序的设计上，美国立法者尤其注重审前程序对案件的分流作用，通过审判前的各种程序对案件进行筛选、过滤，使绝大部分刑事案件在审判前被处理，只有少数进入严格的正式审判程序。"审前各程序从理论上讲是为审判做准备，但是正式经由审判结案的案件只有 10%，90% 以上的案件都是在审前阶段结案的，审前程序的重要性并不亚于审判本身。"[1]

公诉在审前程序阶段完成。美国法律通常将犯罪分为重罪（Felony）、轻罪（Misdemeanour）/轻微罪（Minor Offence）和少年罪（Juvenile Offence），轻重不同的犯罪适用的起诉程序繁简不一。逮捕可以视为美国刑事诉讼程序的启动，当检察官收到警察的逮捕报告书时应当进行审查并决定是否起诉，如果决定起诉则应签署告发书，轻微案件中的告发书就是指控书，而对重罪案件的指控还要经过预审听证或大陪审团审查通过才能签发正式起诉书。为实现案件的分流及公诉提起，审前程序设置了初次到庭、预审听证、大陪审团审查、传讯等。

1. 公诉裁量权的制度体现

在美国刑事司法程序中，检察官的权力被认为是最大的。"他们例行公事的日常决定，控制了刑事案件的方向和结局，比其他刑事司法官员的决定有更大的影响和更严重的后果。这些重要的、有时候生死攸关的决定之最为显著的特征是，他们完全出于裁量，并且实际上不受审查。"[2] 可见，美国检察官在刑事司法程序中享有极大的裁量权，这种裁量权在审前程序中主要表现为公诉裁量权。但是从另一个角度来看，正是基于检察官

① 马跃：《美国刑事司法制度》，中国政法大学出版社 2004 年版，第 274 页。
② ［美］安吉娜·J.戴维斯：《专横的正义——美国检察官的权力》，李昌林、陈川陵译，中国法制出版社 2012 年版，第 4 页。

的不起诉裁量权才有效实现了审前阶段案件的分流与过滤。公诉裁量权的程序分流与案件过滤功能主要体现在以下几个关键环节：一是启动刑事程序中的裁量权，警察逮捕犯罪行为人后，检察官通过对案件的审查应当作出是否进行控告的决定，而决定的作出完全依据检察官的自由裁量权。二是辩诉交易中的裁量权，美国90%的案件都是在审前通过辩诉交易解决的，这也是检察官自由裁量权的主要体现。"由于检察官在辩诉交易中的压倒优势，许多法学和刑事司法学学者指出，辩诉交易根本不是检察官和被告人之间平等交易的过程，而是检察官迫使被告人认罪，并接受检察官认为适当的刑罚的过程。"①可见，辩诉交易中的强势地位易导致检察官公诉裁量权的滥用。三是公诉替代措施中的裁量权，某些州设置了转处计划（Diversion Program），"如果被告人完成社区服务计划或者向被害人支付赔偿金，检察官就同意放弃指控"。②对于是否适用该程序，检察官也是运用自由裁量权单方面作出的。在美国的一些州，检察官还可以作出延缓起诉的决定，通常以被告人接受检察官列出的戒毒治疗、提供社区服务、参加工作培训或对被害人进行补偿等条件为前提。如果被告人较好地完成了分流项目，检察官即撤销指控，反之则恢复刑事起诉。③

2. 公诉裁量权的程序性控制措施

美国检察官被赋予了极大的公诉裁量权，立法者也设置了相应的程序以防止权力的滥用，但遗憾的是并未取得预期的效果。"检察官拥有难以想象的权力，在他们每日作出的重要决定尤其是起诉和辩诉交易决定中行使宽泛的裁量权。他们的决策常常是专横的、匆忙的、冲动的，有时候在情况类似的被告人和被害人之间形成地位悬殊。由于检察官不公开作出这些决定，缺乏有效的监督或责任机制，他们有不端行为时极少受到处罚。"④

首先，在刑事程序的入口处，检察官的控告决定是启动刑事程序的关键，虽然对于控告决定要接受更进一步的审查，但对不控告决定却未设置

---

① 马跃：《美国刑事司法制度》，中国政法大学出版社2004年版，第297页。

② ［美］安吉娜·J.戴维斯：《专横的正义——美国检察官的权力》，李昌林、陈川陵译，中国法制出版社2012年版，第25页。

③ 张小玲：《刑事诉讼中的"程序分流"》，《政法论坛》2003年第2期。

④ ［美］安吉娜·J.戴维斯：《专横的正义——美国检察官的权力》，李昌林、陈川陵译，中国法制出版社2012年版，第149页。

相应的监督机制。其次，初次到庭可被视为对检察官的起诉决定设置的第一次司法审查程序，地方法官一方面可以审查检察官的控告是否恰当，另一方面可以根据案件的繁简程度决定下一步的程序。最后，美国针对重罪设置了两种起诉审查机制：一种是由大陪审团起诉，一种是通过预审听证起诉。目前，联邦与大约 1/3 的州规定重罪起诉必须经大陪审团审查，而有 2/3 的州规定既可以由大陪审团起诉，也可以通过预审听证直接起诉。①

预审听证是防止检察官滥用起诉权的重要程序设置，"预审听证的主要目的在于防止草率的、恶意的、无充分证据的、政治或宗教迫害的起诉。对于公民的权利保护而言，能够使人们免于因滥行起诉而受公开的控诉，因审判而遭受羞辱与焦虑，对于公共利益而言，能够防止对国家资源的浪费"。②一般预审听证会产生两种结果：负责预审的地方法官根据证据是否能够证明被告人的罪行，同意检察官的控告或者撤销控告，对于决定撤销控告的，同时命令释放被关押的嫌疑人。但在司法实践中，预审法官的这种起诉审查存在被架空的可能，根据联邦刑事诉讼规则第五条（C）的规定，检察官如果在预审前取得大陪审团的起诉书，则预审无须进行。"其理论基础是：既然大陪审团已经审查并同意案件起诉，就意味着检察官不存在滥行起诉的行为，预审便无须进行。"③而在大陪审团审查的案件中，如果半数以上成员同意检察官的指控，大陪审团可以批准起诉书，检察官据此向有管辖权的法院提交正式的起诉书；如果大陪审团认为控告的证据不足，就应当宣告起诉书不成立并释放在押的犯罪行为人。还有一种情况，即大陪审团认为不能按重罪起诉而是构成轻罪或轻微罪行的，可以指令检察官以告发书向有管辖权的法院起诉。但司法实践中大陪审团容易被检察官操控，"大陪审团的目的虽然在限制检察官的滥行起诉，但实际上却为检察官所操控"。④这主要是由于大陪审团并非由专业的法律人士组成，而检察官作为大陪审团的法律顾问，极易将自己对于案件是否起诉的决定授意给大陪审团。

---

① Yale Kamisar, Wayne R. Lafave, Jerold H. Israel et al., *Modern Criminal Procedure*, West Group, 1999, pp.937–938.

② 王兆鹏：《美国刑事诉讼法（第 2 版）》，台湾元照出版公司 2007 年版，第 627 页。

③ Charles H. Whitebread & Christopher Slobogin, *Criminal Procedure*, Foundation Press, 1993, p.537.

④ 王兆鹏：《美国刑事诉讼法（第 2 版）》，台湾元照出版公司 2007 年版，第 10–11 页。

预审听证与大陪审团起诉都是为了防止检察官滥用公诉裁量权对公民权利造成侵犯，虽然每个州的具体规定不同，在刑事诉讼中获得预审听证与大陪审团起诉都是公民的权利，亦都可以放弃，但从总体而言，检察官的起诉决定不经外部审查不得向法院起诉，审查的目的是为了避免不正当起诉，保护公民的合法权利。简言之，美国对公诉的司法审查机制是建立在公民权利保障的基础上，正因如此，法律也赋予被指控人"驳回控诉"的救济性权利。"虽然各个州的具体规定不同，但被指控人提出的驳回控诉请求基本由审判法官进行审查，有的州会要求在审判前提出，有的州则要求在认罪答辩前提出。而法官的审查方式也不同，有的州要求尊重治安法官的意见，有的州则要求法官在阅览预审笔录的基础上重新作出决定。"①

对于美国检察官强大的公诉裁量权而言，不仅上述程序设置难以有效制约，其他监督机制亦不完善，例如：辩诉交易基本完全由检察官控制；来自选民的制约机制往往形同虚设，"尽管普选在当初看起来是检察权的制约机制，是一种有效的责任机制，但普选检察官实际上确立并强化了检察官的权力、独立性和裁量权。检察官现在不再需要对州长或法院负责，而是要向称为'人民'的不可名状的事物负责"。②

三、英美法系国家公诉裁量权的控权分析

英美法系国家在注重程序正义的同时也追求诉讼效率，大多数案件通过审前分流机制被解决，根据案件的严重程度设置了繁简不一的案件处理机制，最终只有少数案件进入严格的正式审判程序，而公诉裁量权是实现这一目标的关键。这主要是由于英美法系国家的公诉制度以诉权的当事人处分为基础，普遍体现为起诉自由主义，享有起诉权的主体同时享有公诉裁量权，只是在表现方式上有所不同，例如，英国的公诉制度在私诉的基础上形成了多主体起诉的特点，警察同时享有侦查权与起诉权，检察官却占次要地位；美国的公诉权主要由检察官行使，且公诉裁量权极大。

---

① Yale Kamisar, Wayne R. Lafave, Jerold H.Israel et al., *Modern Criminal Procedure*, West Group, 1999, p.938.

② [美] 安吉娜·J.戴维斯：《专横的正义——美国检察官的权力》，李昌林、陈川陵译，中国法制出版社 2012 年版，第 11 页。

英美国家自 20 世纪后半叶以来，对裁量权的控制模式大多经历了由政治控制到司法控制的转变。"司法控制技术大体遵守从规则与裁量的区分到突破这一区分，并最终演变为注重实用与功能性的控制方式。"① 基于人权保障理念，对公诉裁量权的程序性控制注重对起诉裁量权的控制，最初是通过大陪审团的审查来实现的，英国的大陪审团制度取消后，转由治安法官通过预审程序对起诉的合法性及合理性进行审查，而美国除了保留大陪审团制度外，预审听证制度也是主要的审查方式之一。但相对于大陆法系国家而言，英美法系国家检察官的公诉裁量权不仅更大且程序控制没有那么严格。另外，由于英美法系国家公诉裁量权控制的程序设计主要目的是防止草率、预谋、暴虐的起诉对公民权利的侵犯，因而缺乏对不起诉的审查机制及权利救济措施。

第三节　混合制国家的公诉裁量权

混合制国家是指一国的刑事诉讼模式兼具大陆法系国家职权主义模式特征与英美法系国家当事人主义模式特征，以日本为代表。在这种混合模式下，检察官公诉裁量权的运行与程序性控制措施也具有一定的独特性。

古代日本法深受中国古代法的影响，并在发展过程中逐步吸纳了大陆法与英美法的特征，形成了当今以当事人主义为主、国家职权主义为辅的诉讼结构。就公诉制度而言，日本奉行国家追诉主义，公诉由检察官提起。由此可见，日本只有公诉案件而没有自诉案件，日本诉讼理论认为，检察官垄断起诉权，不仅可以在公诉方面实现最大程度的公正性，避免产生私人起诉可能产生的报复和滥诉的弊端，而且还可以在最大程度上保证起诉标准的统一。案件侦查终结司法警察应及时移送检察官进行审查，但立法者也赋予司法警察一定的案件处置裁量权，主要是移送家庭法院与微罪处分。②

---

① 刘艺：《论我国行政裁量司法控制模式的建构》，《法学家》2013 年第 4 期。
② 移送家庭法院针对少年犯罪案件，如果认为相当于罚金以下刑罚的，应直接移送家庭法院；微罪处分是指对于犯罪情节轻微而没有处罚必要的，可由司法警察直接予以训诫。

一、日本公诉裁量权的运行

日本被认为是以起诉便宜原则为主的典型国家，其突出特点是即使检察官认为犯罪有足够的证据加以证明，也可以作出不起诉决定，这也被称为"起诉犹豫"。日本《刑事诉讼法》第 248 条规定，检察官根据犯人的性格、年龄及境遇、犯罪的轻重及情节和犯罪后的情况，没有必要追诉时，可以不提起公诉。该规定确立了起诉便宜主义下检察官不起诉裁量权，是否提起公诉取决于犯罪行为人的自身情况、犯罪事实以及犯罪后的表现。日本检察官拥有较大的不起诉裁量权，尤其对于轻微犯罪，能够实现审前程序分流与案件过滤的功能。据有关资料显示，"近年来日本检察官裁量不起诉的案件比例在 40% 左右，但在严重犯罪中，如杀人、抢劫、强奸或纵火案件，其适用比例大大低于轻微犯罪。"[①]

检察官的起诉裁量权与日本实行的"精密司法"密切相关。日本提起公诉的案件有罪判决率极高，"根据 1996 年的统计，公诉案件的有罪判决率高达 99.86%"[②]，如此高的有罪判决率取决于两点：一是审判基数小，检察官进行公诉审查过程中，对案件裁量不起诉降低了进入审判程序的案件基数；二是证明标准高，裁量起诉的案件势必对有罪证据的要求极高，证据要确实充分，甚至达到定罪的证明标准。

二、日本公诉裁量权的控权分析

国家追诉主义及起诉垄断主义易产生官僚主义所具有的弊端，而起诉便宜主义则易使检察官变得恣意与独断，日本检察官同时享有垄断起诉权与裁量权。有学者认为，"日本的起诉便宜主义，未加任何限制，检察官独占起诉或不起诉的裁量权，这种制度一方面有利于犯罪人的悔改，能够体现国家的刑事政策，另一方面也有可能导致滥用起诉便宜主义，引起社

---

① 樊崇义：《刑事审判程序改革与展望》，中国人民公安大学出版社 2005 年版，第 752–753 页。
② ［日］松尾浩也：《日本刑事诉讼法（上）》，丁相顺、张凌译，中国人民大学出版社 2005 年版，第 182 页。

会秩序的混乱。"① 为防止检察官滥用公诉裁量权，日本设立了独特的程序控制措施：准起诉制度与专门的检察审查会，以弥补起诉制度存在的弊端，也被视为对起诉独占主义的修正。

准起诉制度的适用对象仅限于公务员滥用职权罪，对于该类犯罪进行控告或者举报的人，如果检察官不予起诉，控告人或举报人可以直接向法院请求将案件交付审判。需要注意的是，请求必须经检察官递交法院，如果检察官通过审查决定起诉，该程序即告终结，如果仍不予起诉则应将记载不起诉理由的意见书及各种证据移交法院，法院通过审查请求的合法性作出是否审判的决定。法院一旦决定审判，由于没有检察官参与，应当指定律师进行公诉。关于准起诉的性质基于审查对象的认识不同而存在争议：审查是针对公诉裁量权是否恰当还是针对侦查活动是否合法？对此，日本最高法院通过 1974 年的判例认定，只要不违反程序的基本性质、结构，就可以通过法院的适当裁量，采取必要的审理……具有与侦查相类似性质的职权行为。②准起诉制度实施中比较复杂，针对请求本身的审理就存在上述争议，因此在实践中真正用于纠正检察官裁量权行使错误的情况并不多。

检察审查会是监督检察官追诉行为的专门机构，其主要职权是监督及审查检察官不起诉的决定是否恰当。检察审查会由从国民中选出的 11 名检察审查员组成，根据申诉人的申请或审查会自行决定，审查未提起公诉的处理是否妥当，并提出改进检察事务的建议。如果检察审查会的多数成员认为不起诉决定不正确，可以制作"应当起诉"的决议书。根据以前的法律，检察审查会的决定只具有建议作用，对检察官没有约束力。"截至1997 年的统计，完成审查的案件有 129372 件，其中，作出'起诉适当'以及'不起诉适当'评议的案件有 15960 件，其比率为 12.3%"③。修改后的《检察审查会法》则规定：检察审查会作出起诉决定后检察官仍不起诉的，检察审查会可以再次决定起诉，并由裁判所指定的律师代替检察官提起公诉。这也就意味着赋予了检察审查会强制起诉权。现行检察审查会虽

---

① 宋世杰等：《外国刑事诉讼法比较研究》，中国法制出版社 2006 年版，第 653 页。
② ［日］松尾浩也：《日本刑事诉讼法（上）》，丁相顺、张凌译，中国人民大学出版社 2005 年版，第 159 页。
③ ［日］松尾浩也：《日本刑事诉讼法（上）》，丁相顺、张凌译，中国人民大学出版社 2005 年版，第153 页。

然对检察官不当的"不起诉"决定能够起到某种程度的制约作用，但却不能对检察官的不当"起诉"起到制约作用，而且检察审查员的选拔因为没有严格的资格限制，素质普遍有待提高。所以，检察审查会作出的决定不仅具有局限性，而且水准也被质疑。

第四节　公诉裁量权控制的模式化分析

"所谓模式，又可称为模型，是指某一系统结构状态或过程状态经过简化、抽象所形成的样式。模式所反映的不是系统或过程原型的全部特征，但能够描述出原型的本质特征。"① 模式化的理论分析方法可以通过高度的抽象与概括，揭示相对应的系统结构或状态之间的本质特征，进而对研究对象展开深入的比较分析。在刑事司法领域，虽然各国诉讼程序的设置不尽相同，甚至在一个国家的不同历史时期也相去甚远，但从根本上而言，刑事诉讼程序均为国家处理犯罪问题的法律过程。运用模式化方法分析刑事诉讼程序及权力运行或具体制度设置，有利于把握各种模式的内在规律及模式间的本质性差异，并通过比较具体研究对象在不同模式下的外在表现，发现深层问题，进而探究问题产生的根源。

模式化分析对公诉裁量权问题研究具有重要的意义：首先，从刑事诉讼程序的整体角度来看，公诉裁量是一个环节，在这种部分与整体的关系中，必然受诉讼模式的影响。简言之，刑事诉讼程序的模式化研究有助于从宏观上分析公诉裁量权的运行及控制方式。其次，从公诉裁量权实施的角度看，公诉裁量权实施的模式化研究，旨在比较、剖析各模式下权力蕴含的理论基础、价值标准及发展动向，有利于为公诉裁量权的程序性控制提供指引。最后，从公诉裁量权的程序性控制角度看，结合权力实施的模式化研究，提炼程序性控制的基本构成要素，有利于提出有针对性的控制模式，从而确保公诉裁量权既能充分发挥其程序功能，又能防止权力滥用，实现良性运转。

---

① 陈瑞华：《刑事审判原理论》，北京大学出版社1997年版，第298页。

一、不同刑事诉讼模式下的公诉裁量权

刑事诉讼模式蕴含多重因素，并取决于宪法与刑事诉讼法的预先规定。"每个模式均有其基础意识形态，代表某项价值选择，并有其主要目标与判断标准。"[①] 通过对英美法系国家与大陆法系国家刑事诉讼制度的抽象与概括，学术上形成了多种刑事诉讼模式理论，其中最具影响力的是美国学者帕克提出的"犯罪控制模式"与"正当程序模式"，以及美国学者格里菲斯提出的"争斗模式"与"家庭模式"，不同刑事诉讼模式对公诉裁量权的运行产生直接影响。对不同诉讼模式下公诉裁量权的运行与控制展开研究，也是对上述国家的具体情况进行的规律性总结。

1. "帕克理论"下的公诉裁量权

1964 年，美国学者帕克提出了刑事诉讼的两种模式："犯罪控制模式"与"正当程序模式"。"犯罪控制模式"强调的是刑事诉讼程序对犯罪进行处置的能力，适用于犯罪率高，并且司法资源有限的社会，因为相对于司法资源投入大、繁琐的正式司法程序而言，效率成为该模式下的核心价值体现。由于行政程序更注重效率，所以理论上提高效率的极端途径就是在审前程序中确立行政化的调查方式。因此，"犯罪控制模式强调减少对警察、检察官行政性调查程序的法律限制，刑事诉讼程序应尽量避开正式的法庭审判程序，而最大限度地诉诸有罪答辩程序，从而使得定罪活动可以快速、顺利地完成。"[②] 假设诉讼程序完全以这种模式进行，检察官的公诉裁量权获得极大的发挥空间，起诉裁量权与不起诉裁量权都会受到较小的外部制约。同时，大多数案件通过辩诉交易等审判外方式解决，能够在最大程度上凸显公诉裁量权的程序分流功能。

"正当程序模式"强调的是对被追诉人的权利保护，将刑事追诉视为国家对个人发动的一场战争，为了防止公权力滥用对个人权利造成的侵犯，一方面要赋予被追诉人更多的权利以实现实质上的平等，另一方面也要在无罪推定的基础上为定罪过程设置重重障碍，以实现程序上的正当

[①] 李玉娜：《刑事诉讼二个对立模式之研究》，台湾"国立"政治大学硕士学位论文，1985 年，第 12—13 页。转引自宋英辉：《刑事诉讼原理导读》，检察出版社 2008 年版，第 20 页。
[②] 陈瑞华：《刑事诉讼的中国模式（第 2 版）》，法律出版社 2010 年版，第 37 页。

性。程序正义是"正当程序模式"下的核心价值体现，假设诉讼程序完全以这种模式进行，为防止检察官滥行起诉将公民置于"不必要的追诉"危险之下，起诉裁量权必然受到严格限制；而一些不起诉替代措施也必将受到限制，因为不经过正式审判程序就作出对被追诉人的处理决定，明显违背了正当程序模式所推崇的程序正义之价值理念，易造成公权力对个人权利的侵犯。

2."格里菲斯理论"下的公诉裁量权

针对"帕克理论"中存在的问题，美国学者格里菲斯于 1970 年提出了新的刑事诉讼模式理论："家庭模式"。格里菲斯认为，帕克的理论是建立在被告人不认罪、控辩双方处于对抗态势基础上的，"犯罪控制模式"与"正当程序模式"本质上都属于争斗模式，区别在于前者更注重控制犯罪的结果与效率，而后者强调的是犯罪追诉过程中对人权的保障，通过设置相应程序防止国家公权力对个人权利的侵犯。相对于这种"争斗模式"，格里菲斯提出了刑事诉讼程序的"家庭模式"，主张在进行犯罪控制的同时应当注重对被告人的关爱及需求的满足。换言之，刑事诉讼程序应当体现抚慰性与教育性。假设诉讼程序完全以这种模式进行，不可否认，犯罪追诉会更加体现对被告人的权利保障及关爱、教育，典型体现就是各国关于未成年人犯罪的特殊规定。在这种模式下，即使增加了关爱被告人的价值理念，但对于检察官公诉裁量权的行使不会有根本性影响，因为犯罪追诉中的对抗性基础未动摇，诉讼模式同样是在无罪推定理论基础上及对抗性司法框架内构建的。

3."对抗模式"与"合作模式"理论下的公诉裁量权

关于刑事诉讼模式，通过上述分析可知，无论是帕克提出的"犯罪控制模式"与"正当程序模式"，还是格里菲斯主张的"家庭模式"，本质上都是在对抗制框架内的理论模式构建，而现代刑事诉讼的发展并非全部基于控辩双方的对抗。随着社会的发展及犯罪形势的变化，恢复性司法理念逐步融入刑事诉讼，辩诉交易、刑事和解等"合作性"的制度得以兴起，并在司法实践中显示出其强大的生命力。相对于对抗性司法而言，这种"合作性司法"是指控辩双方为最大限度地获取共同的诉讼利益而放弃对抗的诉讼模式。①

"合作性司法模式"的产生基本源自实践需求，因而其现实优势得以凸显：首先，有利于提高诉讼效率。在对抗性司法模式下，正义的实现有赖于科学、严密的程序设置，这也就意味着司法成本较高，而在"合作性司法模式"下，大量刑事纠纷可以通过审判外方式解决，不仅提高了诉讼效率，也有助于司法资源的合理配置。其次，有利于弥补对抗性司法的局限性。如前所述，对抗性司法是建立在被告人不认罪、控辩双方完全对立的前提下，当被告人自愿认罪时，控辩双方便失去了对抗的基础，旨在保障正当性的程序设置也就难以发挥作用。当被告人主动放弃对抗，转而寻求与控方的合作时，合作性诉讼模式恰好能够满足其需要，也弥补了对抗性司法的局限性。再次，关注被害人的利益，有利于矛盾的化解。犯罪行为不仅具有社会危害性，在有被害人的案件中也伴随着私人侵权性，但传统对抗性司法是以国家与被告人的关系为核心建立的，被害人的程序参与度低，不利于权利保护。合作性司法模式凸显了被害人的诉讼主体地位，使其因犯罪遭受的损失得到最大限度的补偿，进而有利于社会矛盾的化解。最后，有利于被告人回归社会。在"合作性司法模式"下，诉讼效率的提高可以使被告人免受长期的诉讼之累，而轻缓刑罚甚至免受刑事处罚，避免了犯罪的烙印，更有助于尽快回归社会。

"对抗性司法"与"合作性司法"只是理论上的划分，任何一个现代法治国家对犯罪的追诉都不可能只取其一，在实践中，往往根据案件的具体情况进行选择适用，刑事诉讼程序恰恰需要两种模式的互补，而检察官的不起诉裁量权一般运行于"合作性司法"的框架内，基本要素包括：被追诉人自愿认罪，放弃与控方的对抗；控辩双方就是否提起公诉进行协商并达成一致；法官对协商结果的审查与确认。由此可见，自愿认罪是控辩双方一切协商与合作的基础，正如有罪答辩是辩诉交易制度的前提。在"合作性司法"模式下，公诉裁量的核心是在被追诉人自愿认罪的前提下，控辩双方就公诉问题达成合意，根据主体的不同，"合意"存在两种情况：一是检察官与被追诉人之间达成合意；二是被追诉人与被害人之间达成合意，公诉裁量权在这两种情况下的作用不尽相同。

① 陈瑞华：《刑事诉讼的中国模式（第 2 版）》，法律出版社 2010 年版，第 57 页。

在检察官与被追诉人之间达成合意的情况下，虽然"合意"是控辩双方协商的结果，但检察官往往起到主导性作用，公诉裁量权过大则滥用的可能性就越大，因而需要加强制约机制。而在被追诉人与被害人之间达成合意的情况下，检察官对"合意"的形成起辅助性作用，更多的是根据协商结果选择适用具体措施，可以适度地给予检察官更大的裁量权，制约措施也可相对宽松，从而充分发挥公诉裁量权的作用。对犯罪的追诉不是现代刑事司法制度的唯一目的，建立在被追诉人妥协与合作基础上的司法正义，实现正义的同时更应注重效率及矛盾修复、社会和谐等价值目标的实现。

综上所述，公诉裁量权，尤其是不起诉裁量权在"合作性司法模式"下具有更大的作用空间。而在这一理论框架下研究公诉裁量权，有助于把握公诉裁量权的运行本质，并为权力控制的模式划分奠定理论基础。

二、对现有裁量权模式划分的评价

各国学者根据不同的标准对刑事司法中的裁量权进行多种意义上的理论划分，某些是单独针对公诉裁量权提出，某些是适用于整个诉讼程序，在公诉阶段就具体为检察官的裁量权。虽然这些模式划分在理论上对于公诉裁量权的深入研究起着重要的作用，但就公诉裁量权的程序性控制而言，还存在一定的片面性。

1. "德沃金模式"

美国著名学者德沃金在论及裁量问题时，以裁量权是否受外部制约以及制约力的大小为标准，提出了"弱意义的裁量"与"强意义的裁量"[①]，这可以被视为裁量权的模式划分。将德沃金提出的"弱意义的裁量"与"强意义的裁量"模式划分置于刑事诉讼研究范畴可以发现，"弱意义的裁量"是权力主体根据法律授权在预先设定的框架内，行使裁量权的行为，普遍存在于侦查、公诉及审判各个阶段；而"强意义的裁量"则是权力主

---

① "弱意义的裁量"包括两种情况：一种是指法律（命令）无法提供机械性的被运用的方式，而是需要司法者同时使用其判断力的情况；另一种是指被授权者的判断有最终的权威性，不应再受司法单位的审查或更改的情形。"强意义的裁量"则是指关于不受权威设定的标准限制的裁量权。参见：［美］德沃金：《认真对待权利》，信春鹰等译，中国大百科全书出版社1998年版，第52—53页。

体不受限制甚至是完全遵循内心确信的自由裁量，具体指具有立法性质的司法裁量，典型体现就是法官的"司法造法"活动，其存在领域小于"弱意义的裁量"。

将"德沃金模式"具体到公诉阶段，不受外部限制的"强意义的裁量"基本不存在，因为检察官行使公诉裁量权本身就是在法律预设的框架下进行的，即使在公诉裁量权极大的美国，检察官也只能根据案件的具体情况并结合公共利益，作出起诉或不起诉的决定，而不能进行其他创造性的裁量。从这个角度来看，公诉裁量属于"德沃金模式"下的"弱意义的裁量"。

2. "朱丽亚·芬达模式"

检察官的公诉裁量权必然要体现刑事诉讼程序的多元化价值。英国学者朱丽亚·芬达（Julia Fionda）针对各国检察官裁量权不断扩大的趋势，在分析德国、英国、荷兰等国家相关立法及司法实践的基础上，对公诉裁量权蕴含的多重价值进行分析，并对检察官自由裁量权的模式进行了重构，将其核心理念概括为：提高犯罪处置效率，缓解司法压力；恢复被犯罪破坏的社会关系；通过对犯罪的处理提高司法机构的社会公信力。据此，以公诉裁量权的程序价值为标准，提出了检察官裁量权的三种基本模式：效率模式（the Operational Efficiency Model）、恢复模式（the Restorative Model）及信用模式（the Credibility Model）。[1]

效率模式是指在司法资源有限的情况下，通过提高诉讼效率达到有效控制犯罪的目的。效率模式实现的主要途径就是程序分流，检察官通过公诉裁量，使大量轻微、无争议的案件在审判前得以快速处理，避免这些案件进入正式审判程序而导致的司法资源浪费。在实行起诉法定主义的德国，于20世纪70年代确立了起诉便宜主义，犯罪率激增与司法资源有限的矛盾，促使其通过赋予检察官相应的公诉裁量权。例如，刑事处罚令程序，主要适用于可能被判处一年以下缓刑、罚金以及吊销驾驶执照的轻微刑事案件，大量案件通过该程序得以处理，有效地提高了诉讼效率。同样，苏格兰为了加强裁量权，也通过立法赋予了检察官判处罚金的权力。上述规定均体现了检察官裁量权在效率模式下的运行结果。

---

[1] 关于朱丽亚·芬达提出的裁量权模式划分及具体内容阐述，参见：Julia Fionda, *Public Prosecutors and Discretion: A Comparative Study*, Oxford: Clarendon Press, 1995, pp.176-190.

恢复模式是指检察官通过裁量权的行使恢复因犯罪破坏的社会关系，主要包括犯罪行为人与被害人的关系以及犯罪行为人与社区的关系。在恢复模式中，被害人的主体地位得到重视，使被害人参与诉讼程序并补偿其因犯罪导致的利益损失成为主要价值目标，这也弥补了正当程序中以被告人权利保障为核心而忽视被害人利益的缺憾。在苏格兰，规定了补偿和调解制度，在审判前将犯罪行为人与被害人交由调解者进行调解，犯罪行为人通过积极的补偿换取被害人相对满意的结果，化解双方的矛盾。在德国，针对被害人的补偿性措施也被广泛适用于检察官的裁量过程中。同时，检察官也可以决定让犯罪行为人提供一定时间的社区服务，尤其在没有被害人的案件中。通过这些措施，在达到矛盾修复的前提下，检察官可以在审判前对犯罪行为人适用相应的程序解决纠纷。

信用模式是指检察官在诉讼程序早期对轻微刑事犯罪进行及时处罚，有效控制犯罪。在信用模式下，检察官扮演的是准司法官的角色，被赋予运用非正式程序处理轻微犯罪的处罚权力。建立信用模式主要基于两个目的：一是能够使轻微犯罪得到及时控制和处罚而不是被放纵，荷兰的压制政策就是典型代表。大量轻微犯罪行为得不到及时处理而广泛存在，司法机关对此的忽视导致社会对其犯罪控制作用的漠视，通过检察官裁量权的行使，既可以达到处罚犯罪的目的，又可以防止此类案件流入审判程序造成司法资源的浪费。二是通过对轻微犯罪的及时打击，提高司法机关的公信力，尤其对被害人而言，对犯罪行为及时、适度的处罚能够提高他们对司法的满意度。

三、公诉裁量权划分的新模式

"德沃金模式"与"朱丽亚·芬达模式"的提出，都是以三权分立为制度背景对裁量权进行的理论划分，检察机关在性质上属于行政机关，而我国不实行三权分立的政治体制，检察院的性质属于司法机关，宪法确立了公检法三机关在刑事诉讼中分工负责、相互配合、相互制约的关系。因而，对于公诉裁量权的模式划分，域外经验虽然有一定的借鉴意义，但更要立足本土实际情况。

1. 对现有模式的反思

首先，各国公诉裁量权及其程序性控制的具体表现方式虽然不尽相同，但都是在本国刑事诉讼模式下运行的。诉讼模式主导了刑事司法制度构建，而这又直接影响了公诉裁量权的存在与发展。换言之，诉讼模式是决定公诉裁量权存在空间大小及运行方式的外部环境。通过对不同诉讼模式下公诉裁量权的考察，能够从本源上呈现公诉裁量权在刑事诉讼中运行的一般性规律及其良性发展所需要的外部环境。但这种考察是基于宏观层面展开的，难以揭示公诉裁量权运行的微观影响因素，更不便于剖析公诉裁量权的程序性控制措施。

其次，"德沃金模式"是对裁量问题的整体性划分，并非单独针对公诉裁量而提出，仅部分适用于公诉裁量。关于"弱意义的裁量"与"强意义的裁量"，是以裁量权的外部制约情况为标准进行的理论划分，对裁量权控制的深入研究具有一定的引导作用。但是，公诉裁量中并不存在"强意义的裁量"，而都属于"弱意义的裁量"，这就为进一步的理论探讨造成了瓶颈，这就需要在此基础上对"弱意义的裁量"进行再分类。

最后，"朱丽亚·芬达模式"的核心理念是"有效管理日益膨胀的司法体系，或者是犯罪者及被害人恢复到产生破坏或者侮辱效果的涉案犯罪行为以前的状态，或者通过刑事司法机构对犯罪问题的处理更加普遍地重建被大量犯罪行为破坏的社会准则和社会传统"。[①] 这种模式主要是以检察官裁量权蕴含的程序价值为标准进行的理论意义上的划分。在司法实践中，任何一个国家裁量权都不是只遵循某一种模式，而往往是几种模式综合运行，因为裁量权的程序价值是交织在一起的。本质上而言，"朱丽亚·芬达模式"从不同的角度剖析了公诉裁量权的价值，有助于解释公诉裁量权，尤其是不起诉裁量权在各国得以存在并不断发展的原因。但是，这种模式划分并未涉及检察官的起诉裁量权，同时对于如何规范裁量权的运行也缺乏现实指导意义。

2. "绝对裁量"与"相对裁量"的模式划分

通过对上述裁量权模式划分的反思，根据公诉裁量的特点，结合比较研究视野下各国司法实践的具体情况以及诉讼模式，笔者以检察官公诉裁量过程是否具有独立性、作出的决定是否具有终局性为标准，提出"绝对裁量"与"相对裁量"的理论模式划分。"绝对裁量"是指起诉、不起诉

---

① 王守安：《检察裁量制度理论与实践》，中国人民公安大学出版社 2011 年版，第 37 页。

决定由检察官独立作出，不受检察机关之外的干预，且决定具有终局性。"相对裁量"是指检察官作出的起诉、不起诉等决定不具有终局性，外部干预能够加以变更。

"绝对裁量"与"相对裁量"理论划分的意义在于：一是能够揭示公诉裁量的本质意义，公诉裁量权是赋予检察官对于是否提起公诉的酌定权，就意味着检察官可以自由作出起诉、不起诉或者适用公诉替代措施的决定，而正是由于这种"自由裁量"可能侵犯人权及程序正义，必须针对某些裁量进行必要的约束，"绝对裁量"与"相对裁量"的模式划分，正体现了这种裁量本质以及不同裁量权之间的差异性。二是能够反映公诉裁量权实施的法律效果以及对诉讼进程的影响，"绝对裁量"具有终局性，裁量起诉意味着案件被提起公诉，进入审判程序，裁量不起诉则意味着诉讼程序的终结，案件在审判前被过滤或分流；而"相对裁量"不具有终局性，换言之，检察官的决定是暂时性的，对于裁量起诉的案件，不是直接进入审判程序而是需要通过其他程序对检察官的起诉决定作进一步的审查，例如法国的预审制度。对于裁量不起诉的案件也不意味着诉讼程序的终结，如德国的强制起诉制度仍可改变检察官先前作出的不起诉决定。三是能够有针对性地构建公诉裁量权的程序性控制措施，"绝对裁量"往往具有行政化解决犯罪问题的效率优势，但缺乏外部制约也易造成权力的滥用；而"相对裁量"虽然能够通过一定的制约措施防止权力的滥用，却又造成诉讼期限的延长与司法资源的浪费，因而公诉裁量权的程序性控制的关键首先是权力在"绝对裁量"与"相对裁量"的合理配置。这也说明，对公诉裁量权进行有效的程序性控制不是某一制度或程序能够实现的，而是应当作体系化构建。

"绝对裁量"与"相对裁量"的模式划分为构建公诉裁量权的程序性控制体系提供这样一种指导思想："绝对裁量"是相对于整个检察机关外部而言，公诉裁量权具有绝对性，而不是检察官个人的绝对裁量。但公诉决定毕竟是由具体承办案件的检察官作出，为防止权力的滥用，检察机关内部的制约虽然是必不可少的，但这在本质上并非严格意义上的程序性控制措施，而是检察机关对公诉裁量权行使的一种内部审查机制。"相对裁量"是指检察官的公诉裁量权受到外部程序性的控制，并且这种外部控制是有效的，能够改变检察官作出的决定。通过比较研究，公诉裁量权的权力（利）控制来源，不外乎以下几个要素：侦查机关、法院、个人及其他被赋权的社会组织，公诉裁量权的程序性控制体系构建正是围绕着这几个要素展开的。公诉裁量权的这种模式划分同时适用于起诉裁量权与不起诉裁量权这两种基本样态，下文中笔者将结合我国公诉裁量权运行及程序性控制的实际情况，通过对两种样态与两种模式以及几大要素的深入剖析，立足本土，构建适应于我国的公诉裁量程序性控制体系。

第四章　我国公诉裁量权的运行样态

检察官的公诉裁量权在司法实践中的表现方式呈多样化,从宏观上讲,以是否决定将案件移送法院审判为标准,可分为起诉裁量权与不起诉裁量权这两种基本样态。其中,起诉裁量权包括提起公诉权、变更公诉权、撤回公诉权等,不起诉裁量权的制度体现由检察官不起诉的合理性根据决定,因而其制度体现应该是开放性的,包括辩诉交易、刑事和解、附条件不起诉等。根据我国的现有立法规定,不起诉裁量权主要依托刑事和解、酌定不起诉、附条件不起诉制度实行,不起诉裁量权实施的范围有待进一步扩大。起诉裁量权与不起诉裁量权对于刑事诉讼程序的意义不同,权力滥用的表现方式以及所侵犯的合法权益也不同,因而在构建程序性控制体系时,要根据公诉裁量权这两种样态的特征与运行规律加以区别对待。

第一节　公诉裁量权的运行样态之一
——起诉裁量权

根据前面对本书起诉裁量权研究范畴的限定,仅将提起公诉权与撤回公诉权作为考察的重点。提起公诉权存在于审判前阶段,是检察官通过公诉审查决定指控犯罪的裁量;而撤回公诉权则发生在审判程序开始后,从某种意义上讲,可被视为提起公诉权在审判阶段的延伸,是检察官根据案件具体情况的变化对提起公诉权所作的进一步调整,本质上二者都是影响诉讼进程的起诉裁量行为。

一、提起公诉权的运行现状

提起公诉是检察官代表国家对犯罪进行追诉的活动，是公诉的主要功能，提起公诉权因而也成为公诉权的核心，具有重要的程序性意义。提起公诉权如同一把双刃剑，在追诉犯罪的同时，也有可能因其不当行使而侵犯被追诉人的合法权利，甚至导致错案的发生。因此，为防止提起公诉权的滥用，各国普遍规定了提起公诉权的制约措施，例如，在西方国家以司法权控制为主，我国台湾地区也通过设置中间审查程序实现法官对检察官提起公诉权的制约。中国台湾地区的刑事司法制度受大陆法系国家影响，但近年来在两大法系由对立走向融合的大趋势下，其职权主义色彩也逐步淡化，并于2003年对《刑事诉讼法》进行了全面修改，凸显了当事人主义特征，也对公诉制度产生了重要意义。基于无罪推定原则以及检察官的当事人地位进一步明确，人权保障理念得以加强，检察官承担证明嫌疑人有罪的证明责任，并且为了避免检察官滥行起诉对人权的侵犯及导致的司法资源浪费，设立了相应的司法审查制度。具体来说，当案件起诉至法院，法官进行审查后，如果认为检察官提出的证据以及证明的方法存在不足以认定被告人有罪的可能时，应当裁定检察官于审判前的一定期限内予以补正，逾期未补正的则应当裁定驳回起诉。中国台湾地区的中间审查程序充分体现了司法权对检察官提起公诉权的程序性控制，通过提高起诉的"质量"标准，促使检察官在行使提起公诉权时更为谨慎，进而有效防止滥行起诉行为的发生。与上述情况相比较而言，我国将提起公诉权规定为检察官的专属权力，受起诉法定主义的影响，对符合起诉条件的案件提起公诉被视为一种应然状态，案件的侦查、起诉、审判也成为流水作业式的案件办理程序，在这种情况下，对提起公诉权的控制机制较为薄弱。提起公诉权在我国是由检察官通过对原则性证据标准的把握自由行使，属于一种"绝对裁量权"。对于西方国家普遍实行的司法权控制模式，我国经历了"从有到无"的立法变迁，正因如此，导致实践中出现了诸多问题。

1. 提起公诉的法律意义

通过对公诉权属性的分析可知，公诉权本质上是一种诉权请求权，也可称为求刑权。据此，检察官有权请求法院对提起公诉的案件进行审理，并可以提出相应的定罪量刑建议，因而提起公诉是实现刑罚的主要途径，也是检察官的一项专属性权力。同时，提起公诉也是检察官的义务，对于符合公诉条件的案件，非基于起诉便宜原则下的合理事由或法律的专门规定，检察官不得任意放弃犯罪追诉，否则也构成公诉权的滥用。

在实行检警一体化的西方法治国家中，检察官领导、指挥侦查，并在侦查程序终结时作出是否起诉的决定，检察官决定提起公诉也往往被视为诉讼程序的开始。在实行检警相对分离的国家，虽然检察官并不直接参与侦查活动，但可以通过审查侦查机关移送的证据与案卷材料等作出是否提起公诉的决定。无论是在检警一体化还是检警相对分离的"侦控模式"下，提起公诉都是检察官通过对侦查结果的审查决定启动审判程序。作为起诉裁量权的一种具体表现形式，提起公诉的法律意义体现在以下几个方面。

首先，对侦查活动评价的意义。在检警一体化的侦查程序中，检察官亲自参与侦查，因而对侦查活动有比较直观的评价；而在检警相对分离的侦查程序中，检察官对侦查的评价主要是通过审查警察移送的证据等案件材料进行的。二者对侦查活动的评价方式虽然不同，但就提起公诉而言，其评价结果是一致的，即检察官认为侦查程序合法，在侦查活动中获取的证据达到提起公诉的标准，并且案件不适于裁量不起诉。各国提起公诉一般具备三个基本条件：一是实体性条件，即达到提起公诉的证据要求并且排除法定不起诉的情形；二是程序性条件，符合诉讼时效、管辖等程序性规定；三是裁量性条件，综合案件具体情况与各方利益，应当提起公诉。这三个条件是检察官将案件提交法院审判的基本要求。这里存在两个关于"标准"的关键性问题：一个是"证据标准"，是指提起公诉需要达到的法定证据条件，西方国家一般将提起公诉的证明标准设置为"有足够的事实根据"或"可能的理由"证明嫌疑人有罪，提起公诉时必须达到这样的证明标准，这也可以被视为提起公诉的"一级标准"；另一个是"裁量标准"，是指在符合"一级标准"的前提下，提起公诉所依据的裁量性标准，主要从嫌疑人的自身条件、案件的具体情况及公共利益等方面进行综合考虑。例如，犯罪行为的社会危害性或嫌疑人主观恶性大，必须提起公诉而不能裁量不起诉，这也可以视为提起公诉的"二级标准"。关于提起公诉权滥用的认定，违反"一级标准"构成权力的滥用是毋庸置疑的，而违反"二级标准"是否属于权力的滥用存在不同意见。有学者指出，行为人虽有某种犯罪事实，客观上符合起诉条件，如果依据起诉便宜主义原则，应当不起诉或缓予起诉，但检察官仍然提起公诉，这种情况也应当视为滥用公诉权。[①] 笔者赞同该观点，这种情况恰恰属于公诉权滥用中的起诉裁量权滥用，并具体表现为提起公诉权滥用。

其次，对启动审判程序的意义。检察官在刑事诉讼中的法律地位决定了其不具有实体性裁判的权力，而只能请求法院对案件进行审理，这也体现了控审分离原则的基本要求。但是，检察官提起公诉并非必然能够启动审判程序，还要取决于法官对提起公诉的审查结果，体现了司法权对公诉权的制约。通过前述公诉裁量权的域外比较可知，在西方国家公诉权本质上是行政权的一种，嫌疑人一般不能就检察官的起诉决定提出异议，而被害人及其他控告人也不会提出异议，为防止滥行起诉，最有效的措施是通过司法权实现对起诉权的制约。例如，美国通过设立预审制度，对检察官的提起公诉权进行制约；德国对提起公诉权的制约主要体现在中间程序，通过阅卷法官将审查情况报告法庭，并由法庭以召开评议会的方式决定案件是否启动审判程序。由此可见，作为检察官起诉裁量权的体现，西方国家的提起公诉权实际上由三部分组成：检察官对提起公诉的申请权、预审法官或大陪审团的审查决定权以及提起公诉实施权。其中，对提起公诉权滥用的制约，正是通过预审法官或大陪审团的审查决定权实现的。

最后，对制约审判权的意义。现代刑事司法制度的一个基本原则就是司法独立，为避免重蹈司法专断的覆辙，必须加以相应的制约，最有效的方式是通过公诉权约束审判权。一方面，控审分离原则决定了审判实行"不告不理"，未经起诉的案件法院不得主动审理。换言之，提起公诉是审判的前提条件。另一方面，提起公诉的范围决定了法院的审理范围，法官只能对提起公诉的被告人及其犯罪事实进行审理，而不能超越这一范围，即指控的范围与审理的范围保持一致，这也是裁判权中立性与被动性的应有之义。

2. 修法引发的问题

对于提起公诉权的控制，最有效的措施就是法院的司法权控制模式，这已被多个国家的司法实践所证实。提起公诉权的司法权控制模式在我国经历了"从有到无"的修法过程，导致现阶段提起公诉权成为一种"绝对

---

① 郝银钟：《刑事公诉权原理》，人民法院出版社 2004 年版，第 101 页。

裁量权"，在司法实践中被检察官视为法定起诉。换言之，检察官只要认为达到了起诉的证据标准就提起公诉。加之司法实践中，检察官的提起公诉权，受考核标准、外界压力等方面的影响，甚至对于有些案件明知不符合起诉条件但是迫于无奈也要起诉，导致权力的滥用及错案的发生。无论立法还是司法，均存在诸多需要完善的地方。

（1）修法历程回顾。1979 年《刑事诉讼法》规定了法院对公诉案件的庭前审查制度。① 在当时的证据全案移送制度下，根据立法规定，人民法院对提起公诉的案件进行审查后会产生三种结果：一是决定开庭审判；二是退回人民检察院补充侦查；三是要求人民检察院撤回起诉，而主要依据就是"犯罪事实是否清楚，证据是否确实充分"。我国当时对提起公诉的庭前审查机制与西方国家的预审制度颇为相似，法官在开庭前对案件进行实质性审查并决定诉讼的进程，因而有学者称之为"预备审"制度，同时也指出了该制度存在的缺陷。"对于这种开庭前对案件进行审查的制度，可以称之为法定的'预备审'制度。但这种开庭前的预备审制度，很容易使法官形成先入为主的定式与偏见。以后的正式开庭便成了'走过场'，使开庭审判失去严肃的意义。"②

在 1996 年《刑事诉讼法》修改研讨中，针对审判程序中"先定后审"等种种弊端，展开了围绕庭审方式改革的讨论。最高人民法院于 1992 年 11 月 30 日拟定了《关于第一审刑事（公诉）案件开庭审判程序的意见》，为了克服法官开庭前对被告人先入为主的偏见，将公诉案件的庭前审查的内容由实质性审查改为程序性审查。《关于第一审刑事（公诉）案件开庭审判程序的意见》被下发给各地人民法院，同时要求在有条件的地市展开庭审方式改革试点。但是，庭审方式改革遭到了检察机关的强烈反对，尤其对于"退回检察机关处理"的规定，认为限制了检察机关的起诉权，理由是"依据现行法律规定，公诉案件起诉权属于检察机关。只要检察机关对被告人提起公诉，人民法院应当受理。处理案件主要事实不清，证据不

---

① 1979 年《刑事诉讼法》第 108 条规定：人民法院对于提起公诉的案件进行审查后，对于犯罪事实清楚、证据确实充分的，应当决定开庭审判；对于事实不清、证据不足的，可以退回人民检察院补充侦查；对于不需要判刑的，可以要求人民检察院撤回起诉。

② 崔敏：《中国刑事诉讼法的新发展——刑事诉讼法修改研讨的全面回顾》，中国人民公安大学出版社 1996 年版，第 139-142 页。

足的可以退回补充侦查，对不需要判处刑罚的可以要求人民检察院撤回起诉外，其余均应开庭审判。"① 《关于第一审刑事（公诉）案件开庭审判程序的意见》在当时引起学界的热议，"由于反映了最高人民检察院对于庭审方式改革的反对意见，在《刑事诉讼法》修改研讨中占有颇为重要的分量。"② 随着 1996 年《刑事诉讼法》修改完成，我国确立了对抗式的庭审方式，并且为保障庭审中的对抗性，取消了证据全案移送的做法，弱化了法官的庭前起诉审查功能。1996 年《刑事诉讼法》对于法院的庭前公诉审查作出了新的规定。③ 之所以改革没有彻底采取"起诉状一本主义"，也是由于公检法意见不一致，立法者为平衡各种利益而采取的折中做法。

1996 年《刑事诉讼法》关于审判方式的改革，是以确立对抗式庭审为核心，为保障这一目标的实现，简化开庭前的审查程序，增强庭审中控辩双方的平等对抗，避免法官对被告人是否有罪形成先入为主的偏见，进而导致庭审流于形式。庭前审查中，取消了法院的实体性审查权力，仅保留了程序性审查权，并且审查机制极其宽松。1998 年，六部委联合颁布的《关于〈刑事诉讼法〉实施中若干问题的规定》的相关规定进一步弱化了庭前公诉审查功能。④ 立法者改革的理由是："使得庭前审查区别于法庭调查，形成合理的审判程序，从程序上保障了诉讼当事人的合法权益，保障了公诉人、辩护人双方在庭审中能够充分发挥作用，保障了人民法院能够客观、公正地对案件作出判决。"⑤

由此可见，1996 年《刑事诉讼法》关于审判程序的修改，立法调整均围绕"保障庭审中控辩双方的对抗"进行，庭前审查程序中法院对检察院提起公诉权的制约机制，也在以对抗式庭审方式为核心的改革大潮中被悄无声息地取消了。随着新法的实施，一切表面上看似乎达到了立法者的预期目的，对被告人是否有罪完全通过庭审中控辩双方的对抗加以确立，但

---

① 路飞：《对刑事案件审判程序改革的几点看法》，《政法论坛》1994 年第 1 期。
② 崔敏：《中国刑事诉讼法的新发展——刑事诉讼法修改研讨的全面回顾》，中国人民公安大学出版社 1996 年版，第 153 页。
③ 1996 年《刑事诉讼法》第 150 条规定：人民法院对提起公诉的案件进行审查后，对于起诉书中有明确的指控犯罪事实并且附有证据目录、证人名单和主要证据复印件或者照片的，应当决定开庭审理。
④ 1998 年六部委联合颁布的《关于〈刑事诉讼法〉实施中若干问题的规定》第 37 条：对于人民检察院提起公诉的案件，人民法院都应当受理，不得以移送的材料不充足为由而不开庭审判。
⑤ 全国人大常委会法制工作委员会编写：《中华人民共和国刑事诉讼法释义》，法律出版社 1996 年版，第 171-172 页。

事实并非如此。由于我国审前程序中未构建"裁判为中心"的诉讼构造，取而代之的是"流水作业式"的诉讼模式，加之公检法三机关长期以来形成的"相互配合，共同打击犯罪"的办案机制，大量不符合起诉条件的案件进入审判程序，检察官滥用提起公诉权的情况严重。而法院对于证据不足的案件，宣告无罪又明显底气不足，尤其是对于犯罪嫌疑人已经被羁押的案件，为应对考核要求以及避免错案责任追究等负面影响，又导致检察院任意撤回起诉成为普遍现象。取消庭前法院对提起公诉权制约的弊端逐步显现。

在 2012 年《刑事诉讼法》的修改中，为进一步加强对抗式庭审并解决审判程序中存在的弊端，重新恢复了证据全案移送制度，但庭前审查程序中对提起公诉权的审查却依然沿袭了 1996 年《刑事诉讼法》的规定。这也导致滥行起诉及任意撤回起诉的行为不仅未得到解决，伴随着证据全案移送，非法证据排除等一系列规定的出台，又产生了很多新问题。对提起公诉权及撤回起诉权进行必要的程序性控制的重要性日益突出。

（2）存在的问题。根据《刑事诉讼法》第 172 条的相关规定，提起公诉的条件包括两个方面：一是实体性条件，检察院认为"犯罪事实已经查清，证据确实、充分"，并且排除法定不起诉的情形；二是程序性条件，即符合审判管辖等程序性规定。尤其是对于符合实体性条件的案件，立法中规定检察官"应当作出起诉决定"，相当于排除了其裁量权。同时，由于我国刑事诉讼程序中，侦查、公诉与审判是相互独立的诉讼阶段，分别由不同的权力机关行使，加之我国在审判前阶段并未形成"以裁判为中心"的基本诉讼构造，导致公检法三机关在各自的立法权限内行使职权，并且形成了"流水作业式"的诉讼构造。从检警关系来看，侦查由公安机关及其他有侦查权的主体实施，检察官基本不参与侦查活动，只根据侦查情况进行公诉审查，虽然《刑事诉讼法》第 170 条规定了人民检察院审查案件，应当讯问犯罪嫌疑人，听取辩护人、被害人及其诉讼代理人的意见，但公诉审查还是以公安机关移送到检察机关的证据及案卷材料为主。对于检察机关提起公诉的案件，法院要通过审查决定是否开庭审理，而根据《刑事诉讼法》的规定①，审查依据的标准是"起诉书中是否有明确的指

---

① 《刑事诉讼法》第 181 条：人民法院对提起公诉的案件进行审查后，对于起诉书中有明确的指控犯罪事实的，应当决定开庭审理。

控犯罪事实"，这也就意味着，对于检察院提起公诉的案件，只要起诉书中有明确的指控犯罪事实，人民法院就应当开庭审理。同时，六部委颁布的《关于实施刑事诉讼法若干问题的规定》（2013年1月1日）第25条明确规定：对于人民检察院提起公诉的案件，人民法院都应当受理。由此可见，我国存在"提起公诉为常态，不起诉为例外"的立法倾向，关于提起公诉的司法审查也是一种极其宽松的形式性审查。而当事人对于不该起诉而起诉的案件有异议的，基本是基于证据与事实问题，很少针对公共利益与裁量偏差，也就无法对提起公诉的裁量权进行制约。根据笔者对裁量权提出的"绝对裁量权"与"相对裁量权"的模式划分，我国检察官的提起公诉权在现阶段属于"绝对裁量权"的范畴，因为对于符合起诉条件的案件，检察官作出的提起公诉决定只要具备法院立案的形式要件，基本不会受到其他外部制约，这不仅导致司法实践中"有案必诉"的结果，也限制不起诉裁量权的发挥。

目前，我国立法在审查起诉与审判程序之间缺乏相应的制约，提起公诉权完全由检察官掌控，法官及其他机关或人员无法制约。因为诉讼程序中缺失了重要的起诉审查过滤的机制，检察机关一旦提起公诉，便具有直接启动审判程序的效力，而法院对于不当起诉，一方面无权在审判前予以撤销或退回；另一方面基于公检法之间的关系，各机关内部考核指标的限制以及无罪判决带来的一系列后果，尤其对于已经被羁押的被告人，法院作出无罪判决的底气明显不足，为了避免这些情况的发生，检察机关撤回起诉的做法可谓"一举三得"：对法院而言，免去了无罪判决面临的各方压力；对检察院而言，避免了败诉风险；对公安机关而言，规避了错误侦查及采取强制措施带来的责任追究。由此也导致了实践中撤回起诉权的滥用，从这个角度来说，撤回起诉权的滥用是提起公诉权滥用所必然引发的恶性循环。

除了一般性的滥用提起公诉权外，实践中还存在一些特殊的滥行起诉情况，较为典型的如选择性起诉、报复性起诉等。虽然提起公诉权是检察官起诉裁量权的一部分，裁量强调的又是对案件提起公诉时的区别对待，但这并非等同于起诉的随意性，遗憾的是司法实践中却广泛存在检察官利用提起公诉权滥行起诉的情况。何谓选择性起诉？有学者将其界定为"专门选择特定对象起诉而对其他同样存在犯罪事实的人却不予追究的司法行为"。① 从狭义上讲，选择性起诉存在于共同犯罪案件中，对某些犯罪嫌疑人起诉而对类似情况的其他同案犯罪嫌疑人选择不起诉；而广义的选择性起诉，则是在社会特定时期的同类犯罪中，对某些犯罪行为人进行追诉而对其他犯同样罪行的嫌疑人不予追诉。例如，"在一起受贿案中，犯罪嫌疑人不满办案机关对自己的查办而反问办案人员'满地里跑的都是兔子，为什么光抓我一个？'其如此问话的背景是当时职务犯罪查处中存在相当混乱、恣意的'选择性执法'现象。"② 可见，选择性起诉不同于检察官运用起诉裁量权对是否起诉进行的合理选择，而是违反平等对待基本程序正义要求的滥用提起公诉权行为。报复性起诉，顾名思义，是检察官基于对被追诉人的打击报复而滥用提起公诉权的行为。在我国，检察机关针对记者、律师、举报人等进行报复性起诉的行为屡见不鲜，其中，对律师的报复性起诉占有较大的比例，"从 1996 年到 2003 年全国共有近 300 名辩护律师因为辩护导致被追究刑事责任，其中 90% 以上最后被无罪释放，真正定罪的不到 5%。"③ 可见，报复性起诉会造成严重的危害后果，会因恶意追诉侵害无辜者或被告人免受不当追诉的权利，浪费司法资源，破坏法律程序的正当性。④

上述检察官滥用提起公诉权的行为可以归结为"主动滥用"，司法实践中还存在提起公诉权"被动滥用"的情形，主要是指检察机关明知案件不符合起诉条件，但迫于"外部干预"而被动提起公诉的行为。这里的"外部干预"是个笼统的界定，例如，上级领导交办的案件，既包括上级领导正常批示、交办的案件，也包括因满足个人利益而给检察机关施压的案件，如王亚忱案⑤。在一些社会影响大的案件中，经媒体的大肆渲染性报道引起公众广泛关注而不得不提起公诉的案件。被害人频频四处上访，扩大声势或者以非正常方式扰乱检察机关工作秩序，为息事宁人而提起公

---

① 张旭、李峰：《论刑事诉讼中的"选择性起诉"》，《法学评论》2006 年第 4 期。
② 周长军：《刑事裁量权论——在划一性与个别化之间》，中国人民公安大学出版社 2006 年版，第 147 页。
③ 陈瑞华：《刑事诉讼制度改革的若干问题》，《国家检察官学院学报》2007 年第 6 期。
④ 闫召华：《报复性起诉的法律规制——以美国法为借鉴》，《法学论坛》2010 年第 3 期。
⑤ 2004 年曾任辽宁省阜新市市长、市委书记的王亚忱退休后参与经商，为非法侵占他人财产，利用自己的影响力伙同时任阜新市公安局副局长的女儿王晓云及其他子女，以虚构的事实向阜新市检察院施加压力，迫使其在证据不足的情况下，以多种罪名向法院提起公诉。转引自刘万永：《一个退休高官的生意经》，《中国青年报》2015 年 5 月 18 日第 B1 版。

诉等。以至于司法实践中出现这样的情况：检察官认为不应当提起公诉，但由于各种压力只能被迫起诉，开庭前，出庭支持公诉的检察官鼓励律师大胆辩护，庭审中也不时提醒书记员记录律师的观点，甚至主动放弃第二轮辩论。

除此之外，司法实践中还存在一种提起公诉权滥用，即犯罪情节极其轻微，检察机关应当作出裁量不起诉决定而不作出的情况。虽然我国通常将这种情况视为不起诉裁量权的范畴，检察官可以自由决定是否起诉，且无论起诉还是不起诉都被认为是一种合理选择的结果。但笔者认为，根据我国现阶段司法资源紧张、不起诉裁量权适用空间小的实际情况，应该将这种情形认定为提起公诉权的滥用。国外也有相关规定，如日本将公诉权滥用划分为三种类型："无嫌疑的起诉、应当起诉犹豫的起诉以及基于违法侦查的起诉。其中，应当决定起诉犹豫却决定起诉的情况包括：微罪起诉、不平等的起诉和恶意的起诉等。"①

通过对司法实践中上述提起公诉权滥用的种种表现，笔者将其归纳为两种基本类型：第一种是违反证据标准的滥用，这也是实践中最为普遍的情况，检察官提起公诉时明知案件未达到"事实清楚，证据确实、充分"的起诉标准，但仍基于种种原因主动或被动提起公诉；第二种是违反程序正义的滥用，包括微罪起诉、不平等的选择性起诉及恶意的报复性起诉等。在司法实践中，这些案件只要经检察机关提起公诉，法院只能受理，尤其是在"命案必破"、"限期破案"等缺乏科学性的口号下，极易造成错案。提起公诉权控制机制的缺失，意味着案件失去了审判前的最后一道防线。由此可见，对提起公诉权进行有效的程序性控制是非常必要的。

二、撤回起诉权的运行现状

撤回起诉权，具体指检察机关对于已经提起公诉的案件，因出现法定事由而予以撤回的权力。纵观世界主要法治国家，检察官基本都有撤回起诉的权力，但关于撤回起诉的时间、条件、具体程序等规定不同。由于撤回起诉权是公诉裁量权的一种，因而起诉便宜主义是其主要理论基础。检

---

① ［日］田口守一：《刑事诉讼法（第五版）》，张凌、于秀峰译，中国政法大学出版社 2010 年版，第 139-140 页。

察官的撤回起诉权与一国实行起诉法定主义或起诉便宜主义有直接的关系。在以起诉法定主义为基础的大陆法系国家，检察官在审判程序中基本不享有撤回起诉权。例如法国，一旦法庭审理开始则不允许撤回起诉，但是在审判前的预审阶段，检察官认为应当撤回起诉时，可以向预审法官提出撤诉建议，经预审法官审查后作出是否起诉的决定。德国也规定在审判程序开始后不允许检察官撤回起诉。但对某些特殊案件法律有例外规定。英美法系国家的检察官享有广泛的自由裁量权，包括撤回起诉权。我国关于检察机关撤回起诉权的立法规定，经历了从有到无的变迁，目前主要由最高人民检察院与最高人民法院颁布的司法解释加以规定。由于缺乏立法上的明确定位，"两高"司法解释也未统一，致使撤回起诉权在司法实践中的适用过于随意，甚至偏离了其应有之义，成为起诉裁量权的一种表现方式。这也引发了学界关于撤回起诉权的存废、完善等理论热议。

　　我国 1979 年《刑事诉讼法》确立了撤回起诉制度，根据第 108 条的相关规定，人民法院对提起公诉的案件进行审查后，对不需要判处刑罚的，可以要求人民检察院撤回起诉。这一规定是在当时检察机关进行全案移送的前提下作出的，在法官对全案证据进行审查的基础上，认为不需要判处刑罚时可以要求检察机关撤回起诉。1979 年的立法规定，虽然从效率的角度来看，有一定的意义，但法院主动要求检察机关撤回起诉的做法，被认为是与控审分离基本原则相违背的，也因其侵犯了公诉权而饱受诟病。1996 年，《刑事诉讼法》取消了证据全案移送的做法，由于法官不能在审前对案件进行实体性审查，撤回起诉制度也随之被《刑事诉讼法》废除，但相关规定却散见于司法解释中，这种做法延续至今，检察官的撤回起诉裁量权仍然被规定在最高人民检察院的司法解释中。① 这也意味着，撤回起诉主要通过检察机关的自我授权方式在实践中被广泛适用。同时，对于符合规定的案件，检察机关通过撤回起诉的方式架空了法院的审判权，也

---

① 《人民检察院刑事诉讼规则（实行）》第 459 条：人民法院宣告判决前，人民检察院发现具有下列情形之一的，可以撤回起诉：（一）不存在犯罪事实的；（二）犯罪事实并非被告人所为的；（三）情节显著轻微、危害不大，不认为是犯罪的；（四）证据不足或证据发生变化，不符合起诉条件的；（五）被告人因未达到刑事责任年龄，不负刑事责任的；（六）法律、司法解释发生变化导致不应当追究被告人刑事责任的；（七）其他不应当追究被告人刑事责任的。对于撤回起诉的案件，人民检察院应当在撤回起诉后三十日以内作出不起诉决定。需要重新侦查的，应当在作出不起诉决定后将案卷材料退回公安机关，建议公安机关重新侦查并书面说明理由。对于撤回起诉的案件，没有新的事实或者新的证据，人民检察院不得再行起诉。

被认为是公诉权对审判权的干涉。

1. 一个案例引发的思考

2002 年 4 月 25 日，淮阳县许湾乡项庄村发生了一起火灾，村民张守连、李桂芝夫妇被烧死。淮阳县公安局介入调查后，将与被害人存在矛盾的同村村民张法银锁定为犯罪嫌疑人，并于 2004 年 11 月 24 日将其在湖北抓获。2005 年 4 月 3 日，周口市检察院向周口市中级人民法院提起公诉，指控张法银涉嫌于 2002 年 4 月 25 日夜放火杀害被害人。基本犯罪事实是：张法银因与被害人有矛盾，于 2002 年 4 月 25 日夜，把柴油装进塑料食品袋，挂在张守连夫妇所住房屋门鼻上，用布条做引线，把柴油点燃，致使张守连夫妇所住的房屋着火，屋内睡觉的张守连夫妇死亡，经鉴定系着火所致窒息死亡。经审理，2005 年 6 月 28 日，周口市法院作出 (2005) 周刑初字第 11 号刑事附带民事判决，判处被告人张法银死刑，剥夺政治权利终身。张法银不服提出上诉。河南省高级人民法院于 2006 年 12 月 27 日作出 (2005) 豫法刑二终字第 433 号刑事裁定，以事实不清为由撤销原判，发回重审。2008 年 1 月 30 日周口市法院重审此案，判处张法银死刑，缓期两年执行。被告人再次上诉，河南省高级人民法院 2008 年 11 月 17 日再次作出裁定，以原判决事实不清为由，撤销原判，发回重审。直至 2012 年 2 月 9 日，周口市中级人民法院才对此案作出裁定，"准许检察院撤诉。"可是被告人张法银至裁定生效至今依然被羁押在看守所 8 年未予以释放，也未改变强制措施。①

本案中的当事人被检察机关提起公诉后，经周口市中级人民法院两次审理，分别被判处死刑与死刑缓期两年执行，但上诉后皆因"事实不清、证据不足"被省高级人民法院发回重审，案件最终不是被原审法院判决无罪，而是以裁定检察院撤诉方式悬而不决。这起案件暴露出来的程序性问题绝不是偶然现象，由此引发对公诉裁量权实施过程中两方面程序性问题的思考：一方面，事实不清、证据不足的案件如何通过检察院的公诉审查进入审判程序的？是否存在起诉裁量权的控制措施？另一方面，案件进入审判程序后能否被随意撤回？撤回起诉的法律后果应当如何？又该如何进行相应的制约？被追诉人对于检察机关的滥诉行为如何申请有效的权利救

---

① 刘长：《死刑，发回；死缓，发回；撤诉：判不了，就关着》，http://www.infzm.com/content/76075，2012-05-29。

济？这些问题的答案通过深入剖析我国撤回起诉制度才能逐一呈现。

2. 撤回起诉制度存在的问题

撤回起诉可以被视为检察官起诉裁量权在审判阶段的延伸，那么，撤回起诉为什么在司法实践中频频出现？其中一个重要原因就是检察官在对一些事实不清、证据不足的案件提起公诉。因为在司法实践中，"检察机关撤回公诉的案件大多是法院准备作出无罪判决的，这种撤诉是检法'互相配合'或者'讨价还价'的产物，成为检察机关避免错案追究和维护'脸面'的托辞或护身符。"[1]这些案件本身就不应当进入审判程序，撤回起诉权的滥用也是提起公诉权程序性控制缺失的必然结果。由于撤回公诉只是诉讼程序的终止，并不产生错案责任追究的法律后果，因而在司法实践中演变成起诉裁量权滥用的表现形式之一。"撤回公诉已经异化为检察机关规避法院无罪判决和对被告人展开重复追诉的一种常态的也是重要的诉讼手段……当法院审查后认为明显要做无罪判决时，往往本着无罪判决和检法配合的想法，主动建议检察机关将案件撤回，甚至是经合议庭合议后欲作无罪判决，于是提前与检察机关沟通，将案件撤回。"[2]

案例中也暴露出了撤回起诉的效力问题：一是撤回起诉的时间，根据最高人民法院司法解释的相关规定，[3]撤回起诉应当在判决宣告前，但并未明确是在第一次判决宣告前还是在任何一次判决宣告前。例如，本案中的被告人已反复经历多次庭审，检察官仍然可以撤回起诉，使被告人长期处于羁押状态，也造成了司法资源的浪费。二是撤回起诉的法律后果，本案中撤回起诉的裁定生效后，被告人仍然处于羁押状态，这就涉及撤回起诉的后续处理问题，因为撤回起诉作为一种程序性行为，本身并不能直接终止案件的诉讼进程，诉讼程序会由于检察官的不同决定而大相径庭，将撤回起诉的案件退回补充侦查，导致程序倒流；作出不起诉决定，则案件被终结，应及时对被告人解除强制措施，返还扣押的财物等。三是撤回起诉的案件能否再次起诉，虽然相关司法解释规定，没有新的事实或新的证据不得再次起诉，但"新事实或证据"的标准由检察机关掌握，实践中极

① 顾永忠、刘莹：《论撤回公诉的司法误区与立法重构》，《西北政法学院学报》2007年第2期。
② 周长军等：《刑事裁量权规制的实证研究》，中国法制出版社2011年版，第50页。
③ 最高人民法院《关于适用〈中华人民共和国刑事诉讼法〉的解释》第242条：宣告判决前，人民检察院要求撤回起诉的，人民法院应当审查撤回起诉的理由，作出是否准许的裁定。

其容易被规避。

赋予检察机关撤回公诉权的初衷，旨在及时纠正已经发生的不当公诉或者根据证据、案件事实的变化调整起诉。从某种意义上说，是为避免司法资源的浪费以及被告人权利受到的进一步侵犯而采取的补救措施。笔者认为，虽然目前撤回起诉权在司法实践中存在滥用的现象，但现阶段我国不宜彻底废除撤回起诉权。撤回起诉在刑事诉讼中有其存在的必要性，联合国《关于检察官作用的准则》确立了撤回起诉的基本立场，[①] 各国也有撤回起诉的相关规定。但是，针对司法实践中出现的上述问题，应当重新通过立法完善撤回起诉程序，并构建有效的程序性控制措施。

第二节　公诉裁量权的运行样态之二
——不起诉裁量权

不起诉裁量权，是检察官公诉裁量权的另一种样态。联合国《关于检察官作用的准则》规定：根据国家法律，检察官应在充分尊重嫌疑人或者受害人的人权的基础上适当考虑免予起诉，有条件或无条件地中止诉讼程序，或使某些刑事案件从正规的司法程序转由其他办法处理。赋予检察官不起诉裁量权的目的，不仅可以减轻过重的司法负担，也可以避免嫌疑人受到审前拘留、起诉、罪名以及监禁带来的不利后果。从这个角度来看，裁量不起诉应当是个开放的体系，不起诉的理由也应当是多元化的，但无论检察官基于什么理由作出了裁量不起诉决定，其法律效果都体现为案件从正式审理程序中分离出去。对不起诉裁量权的程序性控制进行研究，要根据权力运行的现实状况入手，而根据前文中对我国不起诉裁量权的简要介绍，理论与实践中往往将不起诉裁量权局限于酌定不起诉、附条件不起诉与和解不起诉制度中，极大地限制了裁量不起诉的程序性功能。总体而言，我国不起诉裁量权的适用范围较小，这不仅因为受起诉法定主义的影

---

① 联合国《关于检察官作用的准则》第 14 条规定：若一项不偏不倚的调查表明起诉缺乏根据，检察官就不应提出或者继续检控，或应竭力阻止诉讼程序。转引自朱孝清：《试论刑事撤诉》，《人民检察》2013 年第 18 期。

响，也与我国不起诉制度的发展背景有直接关系。

一、立法变迁中的不起诉裁量权

1. 1979 年《刑事诉讼法》不起诉裁量权的规定

1956 年 4 月 25 日，第一届全国人民代表大会第 34 次会议通过了《关于处理在押日本侵略中国战争中战争犯罪分子的决定》，规定对于悔罪表现好、罪行轻微的战争犯可以从宽处理，免予起诉。1979 年《刑事诉讼法》第 101 条明确规定了免予起诉制度，依照刑法规定不需要判处刑罚或者可以免除刑事处罚的，人民检察院可以免予起诉。从某种意义上讲，新中国不起诉裁量权的确立始于免予起诉制度。免予起诉制度虽然在特定历史时期发挥了一定的积极作用，但检察机关不向法院提起公诉而直接认定被告人有罪的做法，违背了控审分离的基本原则，不利于人权保障。实践表明，免予起诉制度不仅适用率偏高，而且由于缺乏相应的制约措施造成了权力的滥用，"有些地方免予起诉率高达 70%以上，甚至有些地方还把免予起诉当作错案下台阶的一种'体面'方式。"[1] 特定时期产生的免予起诉制度，背离了刑事诉讼的基本原则，并且在司法实践中暴露出种种弊端，滥用现象也较为普遍，因而随着社会的发展与法治文明的进步，该制度随后也退出历史舞台。

2. 1996 年《刑事诉讼法》不起诉裁量权的规定

基于免予起诉制度理论上的缺陷及司法中的弊端，1996 年《刑事诉讼法》予以废止，取而代之的是在起诉便宜主义影响下确立的不起诉制度。1996 年《刑事诉讼法》规定了裁量不起诉[2]，理论上也称作酌定不起诉，这也表明，我国通过立法赋予了检察官一定的不起诉裁量权。酌定不起诉适用的前提是有证据证明行为人构成犯罪，但犯罪情节轻微，依照刑法规定不需要判处刑罚或免除刑罚。该项规定在立法上将检察官的裁量不起诉与法定不起诉、证据不足不起诉进行了明确的区分，在以起诉法定主义为基础的公诉制度背景下，裁量不起诉成为这一时期检察官公诉裁量权的唯一

---

[1] 张少林：《完善我国检察机关的起诉裁量权探讨》，《福建法学》2001 年第 1 期。
[2] 1996 年《刑事诉讼法》第 142 条第 2 款规定：对于犯罪情节轻微，依照刑法规定不需要判处刑罚或免除刑罚的，人民检察院可以作出不起诉决定。

制度体现，有其积极意义。"作为终结案件的一种处理方式，它一方面避免了免予起诉给犯罪嫌疑人带来的有罪认定；另一方面，承载着严格贯彻宽严相济的刑事政策、程序分流、合理配置司法资源与提高司法效率等方面的功能。"①

3. 2012 年《刑事诉讼法》不起诉裁量权的规定

2012 年《刑事诉讼法》第 173 条第 2 款关于酌定不起诉的规定，虽然较 1996 年《刑事诉讼法》第 142 条第 2 款的规定没有大的变动，但在特别程序中增加了附条件不起诉与刑事和解制度，这也意味着通过立法扩大了检察官不起诉裁量权的适用范围。其中，附条件不起诉针对未成年人犯罪，适用的前提条件包括：涉嫌法律规定的罪名，可能判处一年有期徒刑以下刑罚，符合起诉条件但有悔罪表现。如果犯罪嫌疑人在六个月以上一年以下的考验期内遵守相关规定且未发现漏罪、没有实施新罪及其他违法行为，考验期满后检察机关应当作出不起诉决定。而刑事和解制度中关于不起诉裁量的规定为：达成和解协议，犯罪情节轻微，不需要判处刑罚的。

从上述不起诉裁量权的立法变迁可以看出，自 1996 年免予起诉制度被废止至 2012 年《刑事诉讼法》修改，酌定不起诉成为检察官行使不起诉裁量权的主要方式，虽然确立了附条件不起诉与刑事和解制度，检察官的不起诉裁量权在立法上得以扩大，但相对于西方国家而言，适用范围仍然过窄。或许是受免予起诉制度一系列负面评价的历史影响，我国立法者对扩大检察机关的不起诉裁量权，始终持谨慎态度。

二、不起诉裁量权的实践动态

根据我国现有立法规定，不起诉裁量权的制度体现主要包括酌定不起诉、附条件不起诉及和解不起诉三种类型，其中适用时间最长并且相对来说最广泛的是酌定不起诉，附条件不起诉与和解不起诉在我国尚属新生事物，仍需要进一步探索。每种具体制度下，不起诉裁量权的运行具有不同的特征，也存在诸多问题。对于不起诉裁量权进行程序性控制的整体研究，必然要以具体制度下的不起诉裁量权的运行作为考察基础。

---

① 宋英辉：《我国酌定不起诉的立法完善》，《河南社会科学》2010 年第 1 期。

1. 酌定不起诉制度中的不起诉裁量权

1996 年《刑事诉讼法》确立了酌定不起诉制度，同时取消了备受争议的免予起诉。根据《中国法律年鉴》的统计数据，我国的不起诉率在取消免予起诉制度之前基本保持在 10% 以上，而随着免予起诉制度的取消，不起诉率也大幅下降，此后十年内的不起诉率不到 3%，最低的年份只有 1.55%，具体数据如表 4-1 所示。

表 4-1　1997~2006 年全国检察机关的不起诉率

年份	1997	1998	1999	2000	2001	2002	2003	2004	2005	2006
不起诉率（%）	2.93	1.88	1.64	2.35	3.90	3.13	3.30	3.02	2.12	1.55

资料来源：中国法律年鉴编辑部：《中国法律年鉴》，中国法律年鉴出版社。

上述有关不起诉率的统计，不仅包括酌定不起诉，还包括法定不起诉与证据不足不起诉，也就是说，酌定不起诉的适用率比数字显示的更低。由表 4-1 可知，酌定不起诉在我国司法实践中适用率极低，究其原因大致包括以下几个方面。

首先，立法上对于酌定不起诉进行了严格的规定，限制了检察机关的自由裁量权。根据《刑事诉讼法》第 173 条关于酌定不起诉的规定，其适用必须同时满足两个条件：一是犯罪情节轻微；二是依照刑法规定不需要判处刑罚或者免除刑罚。"犯罪情节轻微"是一个原则性规定，为了便于其在实践中的把握，1996 年最高人民检察院颁布的《关于审查逮捕和公诉工作贯穿刑诉法若干问题的意见》进行了解释：犯罪情节轻微，主要是指虽已触犯刑法，但从犯罪动机、手段、危害后果、犯罪后的态度等情节综合分析，依法不需要判处刑罚或者免除刑罚的。2007 年最高人民检察院颁布了《人民检察院办理不起诉案件质量标准（实行）》，以列举的方式明确规定了可以适用酌定不起诉的 5 种情形以及不适用的 9 种情形。据此，酌定不起诉的具体适用范围可以作以下理解：只适用于《人民检察院办理不起诉案件质量标准（试行）》规定的 5 种犯罪情形，并且满足"从犯罪动机、手段、危害后果、犯罪后的态度等情节综合分析，依法不需要判处刑罚或者免除刑罚"的基本条件，同时排除 9 种例外规定的犯罪。如此严格、具体的规定，虽然有利于实务操作，却从立法上极大地限制了检察官不起诉裁量权。

其次，检察机关的内部考核机制限制了检察官不起诉裁量权的行使。

检察机关内部的考核机制将不起诉率作为一项重要的考核内容，根据最高人民检察院 2005 年颁布的《检察机关办理公诉案件考评办法（试行）》的规定，普通刑事案件酌定不起诉率不能超过 2%，每超 0.5% 减 1 分。不起诉意味着否定之前的侦查工作，尤其是在犯罪嫌疑人已被批准逮捕的情况下，不起诉甚至会导致国家赔偿的产生。因而实践中的不起诉率往往与考核的标准一致。换言之，考核标准的设置决定了不起诉的实际适用。这也意味着本末倒置的考核机制限制了裁量权作用的发挥。

再次，酌定不起诉的适用程序繁琐。司法实践中酌定不起诉的适用程序大致为：承办人提出不起诉意见后由公诉部门负责人进行审批，再逐级报分管检察长审批，并由检察委员会讨论决定，同时报上级检察院备案。面对如此繁琐的内部审批程序，检察官不仅基于办案效率的追求对酌定不起诉望而却步，而且选择省时省力的起诉还可以"避免公安机关可能对不起诉提出的异议，以及社会上对承办人司法腐败的嫌疑和打击不力的指责"。①

最后，"退回公安机关处理"在实践中的变异也影响了酌定不起诉的适用。1996 年《刑事诉讼法》没有规定对"检察机关审查起诉时发现犯罪嫌疑人没有违法犯罪行为或犯罪事实并非嫌疑人所为"的处理程序，为弥补立法上的缺陷，《人民检察院刑事诉讼规则》第 262 条② 将这种情况规定为"退回公安机关处理"，实质上是以一种非正式的方式中止诉讼程序，剥夺当事人的救济权利，并且导致程序倒流。虽然这项规定存在种种弊端，但由于内部审批简单、适用程序"灵活"，在实践中被广泛运用，相当一部分本应通过酌定不起诉直接过滤掉的案件，倒流回侦查阶段，"退回公安机关处理"实际上成为了不起诉的替代处理方式，这也就意味着检察官的不起诉裁量权很大程度上是通过"退回公安机关处理"实现的。换句话说，"退回公安机关处理"是检察官运用公诉裁量权进行案件过滤的隐形途径，直接影响酌定不起诉的适用情况，因而在实证研究过程中要全面分析。以北京市的统计数据为例，"2000 年至 2011 年间，平均每年公诉

---

① 宋英辉：《酌定不起诉适用中面临的问题与对策——基于未成年人案件的实证研究》，《现代法学杂志》2007 年第 1 期。
② 《人民检察院刑事诉讼规则》第 262 条规定：发现犯罪嫌疑人没有违法犯罪行为的，应当书面说明理由将案件退回公安机关处理；发现犯罪事实并非犯罪嫌疑人所为的，应当书面说明理由将案卷退回公安机关并建议公安机关重新侦查。

审查的案件为 24090 件，退回公安机关处理的为 1099 件，决定不起诉的为 517 件，而退回的案件中，很大一部分是由于犯罪轻微或者当事人达成和解，这类案件原本可以直接作出酌定不起诉的决定。"[①] 这些数据充分显示，酌定不起诉在我国还有极大的适用空间。

此外，在司法实践中，犯罪嫌疑人被采取强制措施的情况也影响着检察官的不起诉裁量，尤其是对于已经被批准逮捕的嫌疑人。调查显示检察官极少作出不起诉决定，可诉可不诉的以提起公诉为原则，同时，捕后不起诉率也是检察机关内部考核的指标，这就从制度上限制了案件的酌定不起诉率。可见，逮捕情况已成为影响裁量的关键因素。

酌定不起诉在实践中受到上述各个方面的制约，检察官难以运用不起诉裁量权进行案件分流，从而导致大量轻微刑事案件进入审判程序。从应然的角度来说，公诉裁量是检察官根据案件的具体情形进行的综合认定与理性评判的过程，起诉与不起诉都是价值选择的结果，但实践中的酌定不起诉却被人为地设定了诸多障碍，充分体现了检察机关对于适用酌定不起诉的适用过于谨慎，这虽有利于防止不起诉裁量权的滥用，但过于机械与严格的限制背离了起诉便宜主义下公诉裁量权的应有之义。这也充分证明，"我国的不起诉制度缺乏应有的独立性，远未成为一种具有内在尊严和自治能力的完善而稳健的法律制度。"[②]

2. 附条件不起诉制度中的不起诉裁量权

2012 年《刑事诉讼法》增加了适用于未成年人的附条件不起诉制度[③]。附条件不起诉在西方国家作为一种主要的公诉替代措施由来已久，虽然我国的附条件不起诉制度确立较晚，但这一制度在司法实践中却经历了长期的探索。早在 1992 年，上海市长宁区检察院就以"诉前考察"的形式对一名未成年犯罪行为人作出了暂缓起诉的决定。此后，由于附加一定条件的暂缓起诉模式弥补了检察官在决定起诉与酌定不起诉之间替代措施的缺失，顺应公诉过程中的现实需要，各地检察机关纷纷对这种不起诉模式进行试点，并取得了卓有成效的发展。例如，"河南登封市检察机关 2003 年

---

① 李斌：《能动司法与公诉制度改革》，中国人民公安大学出版社 2012 年版，第 113–116 页。
② 刘兰秋：《刑事不起诉制度研究》，中国政法大学博士学位论文，2006 年。
③ 2012 年《刑事诉讼法》第 271 条第 1 款规定：对于未成年人涉嫌刑法分则第四章、第五章、第六章规定的犯罪，可能判处一年有期徒刑以下刑罚，符合起诉条件，但有悔罪表现的，人民检察院可以作出不起诉的决定。

在试点期间共对 19 人作出了暂缓起诉。"① 有些地方检察院还制定了附条件不起诉的具体程序性规定②。可以说，附条件不起诉成为了司法实践中起诉与不起诉之间的缓冲性制度。但是，在西方国家运行成熟、并在我国实践中通过长期探索得以确立附条件不起诉制度中，不起诉裁量权究竟发挥了多大的作用呢？实证研究的结果显示，与立法者的预期目标还相去甚远。

实证研究是反映制度司法运行状况的有效方法。针对附条件不起诉制度的实施情况，已有学者通过调查问卷、案例分析等方式展开了实证研究，并获取了相关的一手数据材料。笔者认为这些新数据比较全面且具有代表性，反映了附条件不起诉制度在司法运行中存在的问题并能够为揭示问题的成因提供可靠依据。以北京市海淀区为例，自 2012 年 5 月被确立为附条件不起诉的试点单位后，"半年仅在 6 人中进行了附条件不起诉考察，仅占未成年犯罪嫌疑人的 2.3%，并且罪名都是盗窃罪。而根据 2011 年的统计数据，该院全年共受理未成年人案件 230 件，涉案人数 303 人，其中实际被判处有期徒刑的 170 人，而适用罪名符合附条件不起诉的为 167 人。"③

上述数据显示，适用于未成年人犯罪的附条件不起诉制度在实践中的适用率较低，这也就意味着附条件不起诉未能从根本上扩大检察官的公诉裁量权。导致这种结果的原因是多方面的，既有立法上的缺陷也有司法中的障碍。

（1）立法原因。导致附条件不起诉在实践中适用率低的立法原因主要概括为三个方面：一是适用主体唯一，仅限于未成年人；二是适用罪名窄，只适用于刑法分则第四章、第五章及第六章规定的罪名，即涉嫌侵犯公民人身权、财产权及妨害社会管理秩序；三是适用刑期短，仅适用于可能判处一年以下有期徒刑的刑罚；四是考察制度设置不科学，制约了检察官适用附条件不起诉的积极性。

附条件不起诉制度的适用条件，2012 年《刑事诉讼法》作出明确规定

---

① 孙力主编：《暂缓起诉制度研究》，中国检察出版社 2009 年版，第 180 页。
② 例如：重庆市永川区人民检察院 2008 年制定的《附条件不起诉规则》；河南省人民检察院 2010 年制定的《关于适用附条件不起诉的规定（试行）》等。
③ 黄洁：《程序复杂附条件不起诉遭"冷落"》，《法制日报》2013 年 5 月 9 日第 5 版。

之前，各地被确立为试点单位的检察机关，实践中的把握基本上都比现有立法规定宽松，突出表现在适用主体并不仅限于未成年人，适用条件上也不仅限于"可能判处一年有期徒刑以下刑罚"。例如，河南省人民检察院2010年出台的《关于适用附条件不起诉的规定（试行）》中的相关规定。[①] 相对于实践中的探索，2012年《刑事诉讼法》明显缩小了附条件不起诉的适用范围。从另一个角度来说，立法上限制了检察官在附条件不起诉制度中的不起诉裁量权，这也是该制度实施效果不理想的主要原因。

（2）司法原因。首先，适用罪名窄。司法实践显示，附条件不起诉制度主要适用于轻微故意伤害罪、盗窃罪，社会危害性较小。在故意伤害犯罪中，多为因琐事引起的冲动型犯罪，在盗窃犯罪中盗窃金额一般不大。案件发生后，犯罪行为人基本都能及时赔偿被害人的财产损失、医药费等，获得被害人谅解成为制度适用的前提。

其次，适用动因偏离了立法本意。我国的附条件不起诉以审前程序分流，并关爱、挽救、教育未成年人为立法本意。遗憾的是，在司法实践中，检察机关适用附条件不起诉的主要动力来源于满足考核要求。适用附条件不起诉的案件数量通常是基层人民检察院的一项考核指标，多数检察官仅仅为了满足考核要求而适用附条件不起诉，且附条件不起诉的案件数量基本与考核的最低要求保持一致，这不符合这也应当是立法者确立附条件不起诉的预期目的。

再次，适用过度受制于公安机关及被害人的意见。《刑事诉讼法》第271条规定，人民检察院在作出附条件不起诉的决定之前，应当听取公安机关、被害人的意见。对检察院的附条件不起诉决定有不同意见时，公安机关可以要求复议、提请复核，被害人可以进行申诉。在实践中，检察机关为了避免公安机关提起复议、复核，基本与其意见保持一致，而为了防止被害人及其家属申诉、上访，检察官在作决定时也过度受被害人意见的

---

① 河南省人民检察院2010年出台的《关于适用附条件不起诉的规定（试行）》第3条规定，对于犯罪事实清楚、证据确实充分，依照刑法规定可能判处三年以下有期徒刑、拘役、管制或者单处附加刑的轻微刑事案件，犯罪嫌疑人认罪悔过，主动赔偿损失，取得被害人谅解，不判处刑罚不致再危害社会，具有下列情形之一的，人民检察院可以作出附条件不起诉决定：（一）犯罪嫌疑人是不满十八周岁的未成年人、七十岁以上的老年人或者正在怀孕、哺乳自己婴儿的妇女的；（二）犯罪嫌疑人是在校学生的；（三）犯罪嫌疑人是聋、哑或者盲人，严重疾病患者，以及尚未完全丧失辨认或者控制自己行为能力的精神病人的……（八）其他适宜作出附条件不起诉决定情形的。

影响。只有少数检察官能够不管被害人的反对独立行使公诉裁量权，但大多数情况下，由于担心被害方申诉、上访导致的后续问题而放弃行使附条件不起诉的裁量权。事实上，检察官应当根据案件及当事人的具体情况独立行使公诉权，虽然立法规定了附条件不起诉决定作出前应听取公安机关或者被害人意见，附条件不起诉的决定也有可能确实存在问题，但可以通过法律规定的渠道进行纠正，"意见"终究不应成为左右检察官是否不起诉的决定性因素，这极大地制约了检察官的裁量权。

最后，监督考察操作性差。我国附条件不起诉制度规定了6个月至1年的考察期，相对于酌定不起诉的程序"终结性"而言，作出附条件不起诉决定后，检察官还要担负对未成年犯罪行为人进行监督考察的后续工作。这也就意味着检察官只要作出了附条件不起诉决定，就同时给自己增添了未来数个月内监督、矫治未成年犯罪行为人的工作负担，这对于原本工作量就很大的检察官来说，无疑是雪上加霜。此外，检察官要对考察情况及时汇报，法律文书多，程序繁琐，也降低了其适用附条件不起诉的积极性，在符合条件的情况下，更愿意优先适用操作相对简单的酌定不起诉或和解不起诉，甚至直接提起公诉。考察主体单一，配套措施不完善极大地限制了附条件不起诉制度的适用。

3. 刑事和解制度中的不起诉裁量权

根据我国《刑事诉讼法》的相关规定，刑事和解是指公诉案件中，在犯罪嫌疑人、被告人与被害人自愿达成和解的情况下，公安司法机关可以对其进行从宽处理的程序性规定。同时，根据《刑事诉讼法》第279条的相关规定，刑事和解可以适用于侦查、起诉与审判的各个诉讼阶段。公诉阶段，适用和解的法律后果体现在两个方面：一是检察机关可以向法院提出从宽处罚的建议；二是对于犯罪情节轻微，不需要判处刑罚的，可以作出不起诉的决定。其中，前者是检察机关量刑建议权的体现，而后者是其不起诉裁量权的体现，刑事和解程序成为实现案件过滤与程序分流的主要途径。

（1）刑事和解制度的兴起。在公诉案件的诉讼程序中，刑事和解的最大特点是对被害人诉讼主体地位的凸显。在刑事诉讼程序中，当事人主体问题的讨论脱离不了"人的主体性理论"这一基本哲学命题。黑格尔曾指出，"理性的基本要求之一是必须尊重他人的权利和人格，法律是设计出来加强和保证这种尊重的重要手段。"① 国家追诉主义确立后，由国家代替被害人对犯罪进行追诉，因为犯罪不仅是对被害人利益的侵犯，也被视为对国家和社会利益的侵犯，被害人的利益被吸收进拟制的国家与社会利益中。换言之，当国家实现了对犯罪的追诉，也就等同于被害人完成了追诉活动，国家追诉与被害人追诉是同步的。在这种理念的指引下，哲学中人的主体性理论所强调的"他人权利和人格的尊重"演变为刑事诉讼程序中对被追诉人的尊重与保护，将追诉犯罪视为强大的国家对弱小的个人发动的一场战争。正因如此，传统刑事诉讼制度基本是围绕国家与犯罪行为人之间的关系建立起来的二元化构造，为保障被追诉人的权利不受国家权力的侵犯，在无罪推定理论的基础上赋予被追诉人辩护权、沉默权等一系列诉讼权利。在这种构造下，公诉案件中被害人的诉讼主体地位被忽视，只能通过公诉机关表达追诉犯罪的愿望与要求，而不能作为独立的个体参与诉讼，甚至只是作为控方的证人支持公诉机关对犯罪的指控。如果说犯罪给被害人造成了第一次伤害，那么国家在刑事诉讼中对其权利的漠视与怠于保护，则构成了第二次伤害。

"二战"后，随着对"国家—犯罪行为人"二元化追诉构造的反思及被害人学说的兴起，各国开始重视对被害人诉讼权利的保护，并进行了相关立法。例如，1982 年美国制定的《联邦被害人和证人保护法》、1986 年联邦德国制定的《被害人保护法》等，被害人逐渐从附属走向独立。被害人诉讼主体地位的确立标志着"国家—被害人—犯罪行为人"三元化追诉构造的形成。被害人可以作为独立的主体通过参与诉讼，一方面倾诉犯罪给自己造成的损失与心理创伤，使内心不满情绪获得宣泄；另一方面表达对犯罪追诉的愿望并弥补，使犯罪给自己造成的损失。刑事诉讼中被害人的有效参与也有助于程序的正当性，因为程序正义的基本构成要素之一就是当事人参与诉讼的有效性，这里所指的当事人，不仅包括被追诉者，也包括被害人。

在传统理论框架下，犯罪被认为是对国家和社会公共利益的侵犯，诉讼程序围绕着"检察院与被告人"的模式进行构建，被害人作为犯罪的直接受害者，诉讼地位被忽视，被损害的利益得不到满足。而在刑事和解程

---

① ［德］黑格尔：《法哲学原理》，范扬、张企泰译，商务印书馆 1961 年版，第 46 页。

序中，被害人的诉讼地位得到重视，成为和解的主导者，这也就意味着在没有被害人的案件中，刑事和解程序也就不可能存在。因而，也有学者认为，"刑事和解是公法的私法化表现，是公权力对私权利让渡的结果"。[①] 这种以"加害人—被害人"模式为主导的刑事和解、调解制度在西方法治国家早已普遍存在，并且对检察官通过行使公诉裁量权实现程序分流起着重要作用。由于各国面临的犯罪问题具有某些共性，而作为一种相似的纠纷解决机制，通过比较研究国外较为成熟的司法程序与经验，有助于总结我国和解程序中公诉裁量权实施存在的问题，也有助于发现其更大的作用空间。

德国《刑事诉讼法》第 153 条 a 规定了附条件不起诉，其中包括犯罪行为人与被害人达成和解的情况，对于轻罪，如果被指控人在规定期限内履行了义务，则不再进行追诉。可见，和解是附条件不起诉的法定条件之一。德国的刑事和解体现了起诉便宜主义下检察官的不起诉裁量权。从司法理念上讲，德国注重通过双方当事人在自愿基础上以和解的方式解决刑事纠纷。例如，德国《刑事诉讼法》第 155 条 a 规定，检察院和法院在任何阶段都应当审查是否可以达成被指控人和被害人之间的和解，并且在适当的情况下应当尽量促成和解的达成，但不能违背被害人的明确意愿。德国《刑法典》也规定可以对达成和解的案件从轻或免除处罚。而法国的刑事调解，虽然制度名称不同，但根据之前对法国公诉替代措施的简要介绍可知，作为一种赔偿性的替代措施，本质上与我国公诉程序中的刑事和解有一定的相似之处，被害人与犯罪行为人在自愿基础上就经济赔偿达成的和解，是检察官作出裁量不起诉的重要依据。

英美国家的刑事和解制度建立在恢复性司法框架之下。恢复性司法的基本理念是旨在通过被害人、犯罪行为人及社区等多方的共同参与，修复被犯罪破坏的社会关系，具体的制度主要包括三种类型：圆桌会议模式、形式和解模式与家庭小组会议模式。[②] 其中，刑事和解模式运用最广泛。英美法系国家与其他国家一样，都要求和解必须建立在当事人自愿的基础上。例如，美国刑事和解协会"Victim-offender Mediation Association"确立了和解的最低标准：一是不违背被害人与犯罪行为人的意愿，并能够保证

---

① 徐岱、王军明：《刑法谦抑理念下的刑事和解法律规制》，《吉林大学社会科学学报》2007 年第 5 期。
② ［美］丹尼拉·塞拉德、何挺：《恢复性司法的实证研究》，《中国刑事法杂志》2008 年第 3 期。

其有效参与；二是在和解过程中确保犯罪行为人与被害人双方的安全性。但是与我国以经济赔偿为基础构建的刑事和解制度的不同之处在于：英美法系国家的刑事和解是将修复关系作为主要目标，被害人获得经济上的赔偿并非和解达成的必然条件。[①]

纵观各国刑事和解制度，有以下几个共同特征：第一，适用范围比较宽泛。以德国为例，立法没有明确限定和解的适用范围，但司法实践中检察官通过和解作出裁量不起诉的，主要以轻微犯罪为主。需要注意的是，近年来随着犯罪形势的日益严峻及恢复性司法的发展，西方各国对于刑事和解制度的适用范围呈扩大趋势，基本上与公诉裁量权的扩大保持同步。第二，在具体适用上，以"自愿"为原则。这里所说的"自愿"主要包括三重含义：从犯罪行为人的角度而言，意味着自愿认罪、赔偿被害人损失并赔礼道歉；从被害人的角度而言，体现为谅解犯罪行为人，同意适用和解程序；从检察官的角度而言，则要求检察官不能以强制性方式要求双方当事人进行和解，而是应当尊重其意愿。第三，在和解主持人的选任上，基本由中立的第三方担任，第三方既包括法官，也包括专门的调解机构。检察官的作用是确认和解协议的有效性，其目的是以公权力制约私权利的"滥用"，防止双方当事人在法律限度外以私了的方式解决刑事纠纷。第四，在和解的法律后果上，在犯罪行为人与被害人自愿达成和解协议并履行完毕的情况下，检察官可以作出的决定包括：对于轻微刑事案件，决定不起诉或适用附条件不起诉及其他公诉替代措施；对于仍须起诉的案件，检察官可以向法官提出从轻量刑的建议。第五，在制度衔接上，刑事和解都不具有制度上完全的独立性，而是通过与其他制度的衔接，作为一种条件或指令成为检察官裁量不起诉的依据或参考。例如，德国的刑事和解属于附条件不起诉的条件之一，而法国的刑事调解则被纳入公诉替代措施之中。

刑事和解在我国立法上的确立经历了长期的实践探索，并以"赔偿难"为直接动因。我国虽然于1997年在《刑事诉讼法》中确立了被害人的诉讼主体地位，但实践中被害人的权利保护却得不到应有的重视。且不说被害人不能以诉讼主体的身份独立地参与诉讼，宣泄内心的不满与表达自

[①] 宋英辉主编：《刑事和解制度研究》，北京大学出版社2011年版，第53页。

己的诉求，对于因犯罪造成的损失，也只能通过刑事附带民事赔偿的要求提出。而被告方一旦被定罪，要么根本没有经济赔偿能力，要么失去了对附带民事赔偿的积极性，甚至通过财产转移的方式逃避赔偿责任。"正因如此，法院在附带民事诉讼中的调解成功率往往很低，所作的民事赔偿判决也通常大大低于一般的民事赔偿标准。"① 同时，司法实践中的"执行难"在我国已是不争的事实，这也就意味着被害人拿到的附带民事赔偿的判决，很容易成为一张"司法白条"。这些情况充分说明，没有被害人的有效参与，即使对被告人作出有罪判决，国家追诉的成功却连被害人最基本的赔偿要求都无法满足。为解决刑事附带民事赔偿难及由此导致的被害人利益保护瓶颈，经多方探索，在我国司法实践中自发形成了基于"被害人与加害人利益契合"的刑事和解，并通过立法得以确立。

从这个角度而言，我国的刑事和解制度不是立法推动的结果，而主要是为解决被害人赔偿问题与各方利益的满足，在实践的探索中"自下而上"产生的，其中最主要的动因是被害人与犯罪行为人的利益契合。在和解程序中，对于被害人一方而言，通过加害方的赔礼道歉与积极赔偿，能够化解内心的不满情绪，并及时获得经济赔偿；对于犯罪行为人一方而言，被害人的谅解与和解协议的达成，有利于达到被从宽处理的目的，尤其是在公诉阶段，和解不起诉能够避免因犯罪对未来生活的种种负面影响。刑事和解对被害人与加害人各自利益的满足，体现了公权力与私权利之间的博弈与契合。

从刑事和解制度在我国确立的背景来看，制度构建是以被害人的利益保护为基础的，对犯罪行为人进行的从宽处理也是为促使其进行经济赔偿、赔礼道歉。当然，从理论上而言，和解程序也能够实现诉讼效率的提高与社会矛盾的化解。但在和解程序中通过检察官的不起诉裁量实现程序分流的功能却受到了立法者不应有的忽视。

（2）我国和解制度中的不起诉裁量权。由于司法体制、法律传统等方面的差异，我国的刑事和解制度既不同于大陆法系国家的调解、和解程序，也与英美法系国家的恢复性司法存在区别，与我国的本土情况密切相关。从我国司法实践的角度来看，刑事和解在公诉程序中的适用率较低，

---

① 陈瑞华：《刑事诉讼的中国模式（第2版）》，法律出版社2010年版，第11页。

而和解不起诉的适用率更低，刑事和解对于程序分流及诉讼效率的提高作用甚微。例如，自 2011 年至 2013 年，"公诉部门平均每年办理案件数约为 368 件，而适用刑事和解的数量为 29 件，平均适用率为 7.88%。其中，三年内和解不起诉的案件数量占当年和解案件数量的比例约为 42.18%。"①这些数据显示，和解程序中检察官的不起诉裁量权有待于进一步扩大，而权力扩大的具体措施则要建立在对我国刑事和解制度进行全面、客观分析的基础上。影响我国和解程序中不起诉裁量权实施的原因，既有立法方面的因素，也有现实方面的因素。

1）立法因素体现在以下几个方面：首先，在立法思想方面，恢复性司法模式下的刑事和解注重的是社会关系的修复，强调的是"受害人真正接受加害人真诚忏悔和加害人在知悉被害人受到无比创伤的基础上所达到的'心理和解'"。②我国刑事和解制度是建立在"赔偿被害人的损失"的基础上的，更倾向于"经济和解"，被害人只有在对犯罪行为人经济赔偿满意的前提下，才有可能达成和解协议，使双方当事人的关系由对抗走向合作，进而实现诉讼效率的提高与社会矛盾的化解。但是，在国家追诉的基本原则下，公诉案件中被害人与犯罪行为人之间的这种合作也不可能是无底线的，否则和解极易演变为抛开国家与社会利益的"以钱代刑"，尤其是在公诉阶段，和解不起诉的滥用极易导致放纵犯罪。因而，我国立法上确立和解程序中公权力的介入是非常必要的。"在公诉案件中，检察机关作为公权力介入刑事和解，可以实现对私权利的有效制约，使其在法律的框架内运行。"③防止犯罪行为人以高额经济赔偿换取被害人"谅解"，进而达到规避法律的目的。

其次，在检察官的角色定位方面，探究不起诉裁量权在和解程序中的程序分流功能，必然要明确检察官在"加害人—被害人"的和解过程中的角色定位。纵观各国的做法，检察官在和解程序中的角色大致包括两种：一种是和解程序的主持者，检察官作为和解程序的中立第三方，促成并主持加害人与被害人之间的和解；另一种是审查监督者，和解交由专业的调

---

① 张均、邱孟洁：《刑事和解工作实证分析：以怀化市鹤城区人民检察院为蓝本》，《怀化学院学报》2014 年第 10 期。
② 和静均：《海外刑事和解制度的启示》，《检察风云》2007 年第 10 期。
③ 卞建林、王立主编：《刑事和解与程序分流》，中国人民公安大学出版社 2010 年版，第 421 页。

解中心或其他机构进行，检察官对当事人达成的和解协议进行合法性审查。也有些国家在调解人的选任上比较灵活，多种方式并存。以法国为例，调解可以由共和国检察官主持，也可以交由其他机构。调解人可以是检察院所在辖区内调解中心的专业人员，还可以是其他志愿者，例如，法国的跨市镇援助犯罪受害人协会（AIAVI）就经常被授权作为刑事调解人。此外，我国也有学者认为检察官是刑事和解的主体，并将刑事和解定义为："控辩双方在刑事诉讼过程中，通过对话和协商，就刑事纠纷的解决达成一致意见，从而终结诉讼，不再将案件移交法庭审判的活动。"[1] 这种观点是建立在国家追诉原则基础之上，认为和解程序中的检察机关既不是中立的程序主持者也不是审查监督者，而是与加害方共同构成和解程序的一方主体，并有自己的利益诉求。

事实上，根据我国的立法规定，和解程序中检察官具有双重角色，且角色之间存在一定的矛盾，这也造成不起诉裁量权在和解程序中的作用受到极大限制。一方面，检察官是积极的犯罪追诉者。刑事和解程序是建立在国家追诉的整体框架下，虽然犯罪行为人与被害人可以就赔偿与谅解等问题达成和解，但检察官"犯罪追诉者"的身份并未改变，双方当事人的私权处分也仍然在公权力的监督下进行。根据《人民检察院刑事诉讼规则》的规定，双方当事人和解的内容仅限于赔偿损失、赔礼道歉等民事责任，协商的内容为是否要求或同意从宽处理，案件最终的事实认定与法律适用仍掌握在公安司法人员手中。另一方面，检察官是消极的主持人。根据我国 《刑事诉讼法》的规定，[2] 检察官在和解程序中负责对和解的自愿性、合法性进行审查，并主持制作和解协议书。同时，根据《人民检察院刑事诉讼规则》第 516 条的相关规定，和解协议书应当由双方当事人签字，可以写明和解协议书系在人民检察院主持下制定，但是检察人员不在和解协议书上签字，也不加盖人民检察院印章。这些规定充分显示，公诉阶段检察官是唯一的法定主持人，并且在以犯罪行为人与被害人为主导的和解程序中，检察官是消极、中立的第三方，只负责和解的自愿性、合法性的审查。

---

[1] 卞建林、封利强：《构建刑事和解的中国模式——以刑事谅解为基础》，《政法论坛》2008 年第 6 期。

[2] 《刑事诉讼法》第 278 条规定：双方当事人和解的，公安机关、人民检察院、人民法院应当听取当事人和其他有关人员的意见，对和解的自愿性、合法性进行审查，并主持制作和解协议书。

本质上而言，检察官在刑事诉讼程序中作为积极的犯罪追诉者，无法完全脱离胜诉的欲望，加之考核机制中对于不起诉率的限制，使得不起诉裁量权的行使受到制约；而检察官作为消极的主持人，没有义务、更缺乏动力去促进和解的达成，和解主要是犯罪行为人与被害人协商的结果。检察官在和解程序中矛盾的角色定位，直接影响了实践中不起诉裁量权的程序分流功能。此外，对于刑事和解的法律后果，立法上仅作出了原则性规定，达成和解的案件最终是否提起公诉，完全掌握在检察官的手中，并且缺乏监督与制约，这就可能产生两种情况：检察官既可能无视达成的和解提起公诉，也有可能利用和解进行权力寻租。

再次，裁量不起诉的适用范围方面，立法限定为"犯罪情节轻微，不需要判处刑罚"的情况，这与我国规定的酌定不起诉及附条件不起诉的要求相同，没有凸显刑事和解对于裁量不起诉的意义。换言之，在犯罪行为人与被害人达成和解的前提下，与酌定不起诉相比，对于能否最终获得检察官的不起诉决定没有制度上的优势。尤其是在我国的刑事和解程序中，和解协议的达成往往意味着对被害人的高额赔偿，公诉阶段，假设犯罪行为人付出高额赔偿后得到不起诉决定的可能性过小，也就失去了和解的原动力，和解不起诉的程序分流功能因此受到限制。立法上对酌定不起诉、和解不起诉以及附条件不起诉适用条件的同一性规定，不仅造成实践中的操作混乱，也不利于突出各个程序的特色，造成各种裁量不起诉制度集于一个层面，检察官在实践中按相同的标准把握，结果就是不起诉裁量权不能充分发挥程序分流的功能。

最后，在制度衔接方面，立法上虽然规定了对达成和解的案件可以从宽处理，但原则性的规定没有司法解释的进一步明确，不利于实践中的操作。刑事和解不是独立的诉讼程序，从刑事诉讼进程的宏观角度看，刑事和解的达成，本身并不能导致程序的终结或推进，而只能是公安司法机关对案件进行从宽处理的参考因素，具体到公诉阶段的程序分流，裁量不起诉仅仅是和解的可能性结果而非必然性结果。和解没有被纳入具体的不起诉或公诉替代程序，缺乏相应的制度衔接，不仅容易造成适用上的不统一，也不利于操作中的具体把握。

2）现实因素也限制了检察官的不起诉裁量权。如果说立法上的不足是影响不起诉裁量权在刑事和解程序中实施的根源性问题，那么实践中存在的现实困难更制约了裁量权的运用。首先，和解方式单一，缺乏多元化的和解措施。我国的刑事和解是建立在经济赔偿基础上的，被害人接受犯罪行为人的"赔礼道歉"往往也是由于对赔偿结果感到满意。"真诚悔罪"在实践中难以把握。赔偿数额一般由双方当事人自愿协商确定，加之检察官不参与，这就容易出现被害人利用犯罪行为人获得从宽处理的急迫心理，"狮子大开口"，索要赔偿数额远远超过应有的标准，导致和解难以达成。即使达成了和解，其结果不仅违背了个别正义，也容易使犯罪行为人事后反悔。此外，实践中也有很多被害人并不关注经济赔偿，而是希望犯罪行为人得到应有的惩罚，在这种情况下，单一的赔偿措施也不利于和解的达成。其次，和解程序适用差异。由于和解是建立在被害人与犯罪行为人自愿协商的基础上，加之地区经济发展不平衡，往往相同情况下的赔偿金额差距较大，出现畸高或畸低现象。同时，犯罪行为人最关心的问题往往是能否通过和解达成不起诉的目的，当检察官作出的起诉决定与犯罪行为人的预期不符时，易造成犯罪行为人对和解的反悔，浪费司法资源。最后，检察官在主持和解过程中，要促成协议的达成往往需要花费大量时间与精力劝说双方当事人，而和解程序的适用又要经内部繁琐的层层审批，很多检察官因为怕麻烦而放弃主动促成刑事和解。上述这些因素都会导致公诉阶段和解程序适用率低。相应地，检察官通过行使不起诉裁量权作出和解不起诉的空间也就大幅减小了。

酌定不起诉、附条件不起诉与和解不起诉，是目前我国立法明确规定的三种裁量不起诉制度，也是不起诉裁量权实施的主要途径。通过对这三种制度的具体分析可知，我国立法上赋予检察官的不起诉裁量权较小，并且实践中由于各种因素的影响再次缩小了其实际适用范围，不起诉裁量权有进一步扩大的空间。

第五章 司法体制改革进程中公诉裁量权的控权机制

有学者指出，检察官的裁量行为应不纯粹是法律的产物，也不是行政的结果，只是一种结合了司法、行政以及社会等因素的"鸡尾酒"。另外，检察官刑事裁量行为更像具有个人风格的国家行为，而这种个人风格其实是检察官接受各种影响因素后的理解或者总结的反映，这是检察官职业活动中无法否认的事实。同时，该学者指出，检察官的利益直接影响裁量行为，因而防止检察官裁量的行为变形或者扭曲的最关键着力点在于平衡其利益需要。[①] 这些影响因素决定了对检察官裁量权进行适度控制的必要性。通过域外比较可知，各国为防止检察官公诉裁量权的滥用，普遍构建了多重程序性控制措施。其中，英美法系国家较为重视对检察官起诉裁量权的控制，而大陆法系国家较为重视不起诉裁量权的控制。在我国，起诉裁量权由于基本不受制约而属于"绝对裁量"，不起诉裁量权由于受到多方制约，属于"相对裁量"。从公诉裁量权控制的整体角度来看，起诉裁量权的程序性控制缺失；不起诉裁量权虽然已形成基本的控制体系，但仍存在诸多问题，有些过度限制了权力的行使，有些又起不到实质性的作用，甚至与立法初衷背道而驰。为保障公诉裁量权能够充分发挥其程序性作用并防止权力滥用，应当结合西方法治国家的经验，反思我国现有控制机制中存在的问题，立足本土实际，以发展的眼光构建公诉裁量权的程序性控制体系。"如何保证追诉权力不会脱离其追诉犯罪的目的，如何保证追诉权力不超过追诉犯罪所必需的限度，如何保证在追诉权力不当实施时给予相对人及时有效的救济，是法治国家所必须解决的问题。"[②]

对公诉裁量权的程序性控制不是单一制度或程序就能够实现的，而是

---

① 宋远升：《检察官论》，法律出版社 2014 年版，第 112 页。
② 杨东亮：《刑事诉讼中的司法审查》，法律出版社 2014 年版，第 275 页。

应当根据起诉裁量权与不起诉裁量权的理论基础，针对司法实践中存在的问题以及公诉裁量权在两种运行样态下呈现出来的基本特征，从多个角度、多个层面构建立体化的程序性控制体系，从而全方位防止公诉裁量权的滥用。依据公诉裁量权的"裁量性"本质特征，程序性控制体系的构建要把握"适度"的基本原则，既不影响公诉裁量权的发挥，又能够有效防止其滥用。过于宽松的控制起不到有效的防范目的，而过于严格的控制往往会影响权力的运行，失去权力控制的意义，本末倒置。正如弗里德曼所言：法律制度必须把裁量性规则限于恰当范围之内。①

第一节　对我国公诉裁量权控制的审视

整体而言，在我国"起诉为常态，不起诉为例外"的司法传统下，当前对于起诉裁量权的控制几乎不存在，其实对检察官权力的制衡是以起诉权为核心的，因为起诉权乃检察官安身立命之根本，也是其最易泛滥的部分，控制了起诉权，就等于扼住了检察官权力滥用的咽喉和命脉。②错案产生的根源也是由于提起公诉权控制不力。不起诉裁量权的控制则过于严格，直接影响了其程序性功能的发挥。不起诉裁量权的控制措施，虽然形式上已形成了体系，但实际上难以完全实现控制的有效性，即使在不起诉裁量权存在空间较小的情况下，也存在滥用情况。公诉裁量权的控制不力，导致大量本应在审前程序中被分流或过滤掉的案件进入庭审，造成司法资源的浪费及当事人诉讼权利的侵犯，同时也导致放纵犯罪、权力寻租甚至司法腐败等问题的出现。

一、形同虚设的起诉裁量权控制

关于起诉裁量权的制约机制，相对于西方国家普遍以大陪审团及预审

---

① ［美］劳伦斯·M.弗里德曼：《法律制度——从社会科学角度观察》，李琼英、林欣译，中国政法大学出版社 2004 年版，第 40 页。
② 宋远升：《检察官论》，法律出版社 2014 年版，第 157 页。

制度为主而言，由于我国的政治体制、法律文化背景等均与西方国家存在差异，因而在各个历史时期形成了不同的规定。从新中国成立以来，对于公诉权的制约主要体现在以下几个方面。

1. 党委、人大的制约

检察工作要坚持党的领导是我国的一项基本原则，而公诉权是检察权的核心，这也决定了党对公诉权的监督与制约，其中很重要的一种方式就是党委直接审批案件，但随着时代的进步，这种方式被取消。"在 20 世纪 80 年代中期以前，党委直接审批案件还很普遍。80 年代中期以后，党委除重大案件或某些政治案件外，基本上不审批案件。"[①] 但并非党委对公诉权的行使不再进行制约，1992 年，最高人民检察院出台了《关于检察机关查处要案实行党内请示报告制度的规定（草案）》，这也就意味着党委保留了对特定案件的请示汇报制度，突出体现在贪污贿赂犯罪中对要案的查办过程。[②] 目前，党委对公诉权制约主要体现在各地政法委的协调案件方面。同时，在我国的政治体制下，人民代表大会是国家权力机构，各级人民检察院由其产生并对其负责，决定了人大对检察工作的监督与制约。"目前，人大对公诉权的制约主要体现在对检察机关行使公诉权的个案监督和对检察机关检察委员会重大争议案件的公诉决定权。"[③] 确立党委、人大对检察工作的监督是基于我国的政治体制，但具体到公诉权行使，这种宏观的监督不仅不能有效制约权力的滥用，反而易通过司法干预影响公诉权的独立行使，并造成一系列负面影响。实践证明，党委、人大的制约弊大于利。

2. 检察机关的内部制约

在实行"检察一体化"的国家，上级检察官对下级检察官承办的案件享有指挥权、转移及承接办理权，虽然我国宪法确立了上下级检察机关的领导与被领导关系，检察体制上也属于一体化构建方式，但在具体案件的公诉过程中，上下级检察机关的关系却没有西方国家那么灵活。总体而言，上级检察院对下级检察院是一种业务指导关系，对于下级检察官公诉

① 蔡定剑：《历史与变革——新中国法制建设的历程》，中国政法大学出版社 2000 年版，第 292 页。
② 参见最高人民检察院于 1999 年 11 月 8 日颁布的《最高人民检察院关于检察机关反贪污贿赂工作若干问题的决定》相关规定。
③ 谢小剑：《公诉权制约制度研究》，法律出版社 2009 年版，第 252 页。

权的制约，主要体现在请示汇报制度及不起诉案件的复议、审批制度中，而对起诉裁量权的制约只限于请示汇报制度，但效果甚微。请示汇报制度对于防止公诉权滥用的功能十分有限，一方面由于制度适用范围窄，只限于少数案件；另一方面上级检察机关对于案件的审查也仅限于定性与定罪问题，对于事实不清、证据不足的案件一般不会受理。而我国起诉裁量权滥用主要体现在对不符合证据标准的案件滥行起诉。同时，请示汇报主要基于下级检察院主动提出，检察机关在滥行起诉时显然不会主动向上级汇报。[①] 检察机关对起诉裁量权的内部制约本质上是一种自我监督模式，上下级检察机关在追诉犯罪过程中具有相同的目标，甚至是一个利益共同体，因而很难通过内部的这种自我监督模式，实现对起诉裁量权滥用的有效控制。而实践中，上级检察机关对下级检察机关公诉权行使的监督也并非常态化，"调查数据充分表明，上级检察机关总的来说并不普遍使用指导公诉检察官的权力。"[②] 此外，检察系统内部构建了上级检察机关对下级检察机关的案件质量检查、考核及备案审查制度，虽然对制约起诉裁量权的滥用有一定的影响意义，但由于是一种事后监督模式，并且制度设计本身存在诸多不合理之处，因而很难实现对起诉裁量权进行实时、有效的程序性控制。

3. 法院的制约

我国法院对检察院起诉裁量权的制约机制，随着《刑事诉讼法》立法变迁，经历了"从有到无"的立法演变。由于前文已进行详细介绍，不再赘述。

综上所述，我国关于起诉裁量权形成了这样的制约体系："弊大于利"的党委、人大制约，"利益趋同"的内部自我监督以及"从有到无"的司法权制约。显而易见，这样的监督制约方式使得对于起诉裁量权的程序性控制形同虚设，导致的后果就是大量缺乏证据或达不到起诉条件而不应当被提起公诉的案件进入审判程序，加之法院的无罪判决率极低，进而造成同样缺乏有效制约的撤回公诉权被滥用。

---

① 谢小剑：《公诉权制约制度研究》，法律出版社 2009 年版，第 262 页。
② 王新环：《公诉权原论》，中国人民公安大学出版社 2006 年版，第 375 页。

二、亟待完善的不起诉裁量权及其程序性控制

无论是酌定不起诉、附条件不起诉还是和解不起诉，最终都是不起诉裁量权行使的结果。目前，理论上通常认为我国不起诉裁量权的制约来源于以下三个方面：一是检察机关的内部监督，包括不起诉的审批、考核及上级检察机关的监督等；二是权利（力）的救济，包括公安机关的复议、复核，被害人的申诉与自诉以及被不起诉人的申诉；三是社会公众的制约，即人民监督员制度。

1. 检察机关的内部监督机制

承办案件的检察官拟作出的不起诉决定，一般要经过部门负责人、检察长或者检委会的层层审批。除此之外，不起诉决定还要受检察机关内部考核标准的调控及上级检察机关的监督，有些检察机关还确立了不起诉听证制度。在我国，不起诉裁量权的行使空间小，很大程度上正是由于检察机关内部对于不起诉权的限制，诸如不起诉的内部审批程序复杂，考核指标严格限定等。检察机关内部对不起诉裁量权的监督，对于防止检察官个人在某些案件中可能存在的权力滥用有一定的制约作用，但这毕竟只是检察机关的内部工作机制，而不起诉裁量权的程序性控制，应当是指检察机关的外部制约。因而，笔者认为将检察机关的内部制约作为不起诉裁量权控制措施的观点值得商榷。

2. 被害人的权利救济

被害人对不起诉的权利救济主要有两种渠道：向检察机关提出申诉，或者通过自诉的方式直接请求法院进行审理，但实践中这两种方式都存在缺陷。在检察一体化模式下，对于下级检察院作出的不起诉决定，本就经过层层审批，故上一级检察机关通常不会轻易予以变更或撤销，因而，被害人的申诉对制约不起诉裁量权的作用微乎其微。被害人通过自诉方式直接申请法院审理，也就是所谓的"公诉转自诉"，不同于德国的强制起诉制度，并不能直接启动审判程序，而只是一种请求权。法院受理该类案件要求较高的实体条件与程序条件，尤其是证明标准，仅依靠被害人个人的力量往往难以实现，因而，以"公诉转自诉"的方式制约不起诉权在实践中的可操作性较差。同时，公诉转自诉制度也存在自身的缺陷，正如有学者所言，公诉转自诉制度，"使得被害人足以否定两级检察机关依据公诉

权作出的决定，最终使检察官的起诉裁量权化为乌有，既不能体现自由裁量权的功能，又不利于降低诉讼成本和节约司法资源。"①

3. 被不起诉人的权利救济

从表面上看，裁量不起诉对于被不起诉人来说已是"法外开恩"，检察官的不起诉裁量权也不应再受到被不起诉人的制约。有学者认为，"赋予酌定不起诉中被不起诉人的事后异议权是一项本末倒置的制约措施。因为对于达到起诉标准的犯罪嫌疑人来说，检察机关决定不起诉是对其有利的处理，被不起诉人不应当再如此'不领情'的提出异议"。②但实际上，酌定不起诉是以检察官认为被不起诉人在法律上已构成犯罪为前提的，并且立法上规定了不起诉案件的后续处理方式。换言之，不起诉虽然使得被不起诉人脱离了诉讼之累，但立法上规定了与其他惩罚性措施的衔接，例如对不起诉人移交行政机关给予行政处罚等。这些惩罚性措施对于确实构成犯罪并且认罪的被不起诉人而言，相较于他们承受刑事处罚及其导致的社会负面评价来说固然不会有异议，但是对于无罪或者不认罪的被不起诉人，即使再轻微的惩罚措施也容易侵犯其人权，因而，赋予被不起诉人一定的权利救济措施是非常必要的。

立法上虽然赋予了被不起诉人相应的救济权利以制约检察官的不起诉裁量权，但由于措施单一，具体实践中的效果却不理想。根据《刑事诉讼法》第177条的规定，被不起诉人对酌定不起诉决定不服，可以向人民检察院提出申诉。可见，被不起诉人的救济途径只能通过提出申诉方式启动检察院的复查程序，并且提出申诉的检察院仍为原不起诉决定作出机关，这种自我审查的方式本身难以保证中立性与公平性。复查结果包括维持、变更或撤销原不起诉决定，而变更与撤销意味着对先前不起诉决定的自我否定。因此，在这种"决定者即为审查者"的制约模式下，被不起诉人申诉的结果基本是维持原不起诉决定。此外，撤销不起诉决定后，检察官可以提起公诉，被不起诉人进行申诉面临被提起公诉的危险，基于这方面的担忧，被不起诉人即使内心不认可检察官作出的酌定不起诉，往往也会选择接受。可见，从私权利对公权力制约的角度而言，被不起诉人对检察官

---

① 樊崇义：《正当法律程序研究》，中国人民公安大学出版社2005年版，第317页。
② 王昕：《公诉运行机制实证研究——以C市30年公诉工作为例》，中国检察出版社2010年版，第237页。

不起诉裁量权的制约作用较小。

4.侦查机关的复议、复核权

我国公安机关承担了主要的侦查职能，在刑事诉讼活动中，负责查找犯罪嫌疑人，收集犯罪证据，并将侦查终结的案件移送检察机关审查起诉。检警关系以及检察机关的公诉审查模式是考察侦查机关对公诉裁量权制约的逻辑起点。根据审查起诉与侦查的关系，可将审查起诉划分为"一体化模式"与"相对分离模式"，这与检警关系模式直接对应。对审查起诉模式进行理论划分的目的是考察侦查机关对检察官公诉裁量权的影响。以德国为代表的大陆法系国家，检察官在领导、指挥侦查的过程中对是否提起公诉会有大致的方向，并能够在侦查程序结束时作出是否提起公诉的决定，审查起诉与侦查同步进行，二者共同组成审判前程序。审查起诉并非独立的诉讼阶段，检察官最终作出的决定基本与侦查机关的"利益"无涉，公诉裁量权也就不会受到侦查机关的影响与制约。相对分离模式主要体现于英美法系国家，侦查权被赋予警察及其他专门机构，侦查与审查起诉属不同的诉讼阶段，检察官基本不参与侦查，审查起诉主要依据移送至检察机关的案卷进行，彼此相对独立。两种模式下，检察官的公诉裁量权都要受到相应的外部审查及程序性制约，并构建了"以裁判为中心"的司法审查机制。我国的审查起诉属公诉阶段，独立于侦查程序与审判程序，提起公诉与侦查虽然都具有犯罪追诉的性质，但由于在审判前阶段法官基本不参与，未形成基本的诉讼构造，故公安机关的侦查活动与检察官的公诉审查过程，本质上是两种独立的诉讼活动。

通过审查起诉，检察官会对公安机关移送的案件作出起诉或不起诉的决定。检察官决定提起公诉是侦查人员满意的结果，当然不会提出异议，立法上也没有规定侦查机关对起诉权的制约，在检警意见保持一致的情况下，案件被顺利起诉至法院。而对于检察官作出的不起诉决定，立法上赋予了公安机关复议、复核的权力，以制约检察官的不起诉裁量权。通过对我国检警关系的分析可知，侦查与起诉是彼此独立的诉讼活动，公安机关与检察机关各司其职，甚至可以说二者"利益无涉"。这就有一个问题值得我们深入思考，既然公安机关本身没有诉讼利益，那么通过复议、复核制约不起诉权的动力究竟是什么？单纯从诉讼职能的角度来说，侦查终结即意味着公安机关任务的完成，保障刑事诉讼活动的公正性或许是设置纠错机制的本意，但真正促使侦查机关对不起诉提出复议、复核的，是胜诉欲望以及为了避免错案追究制度导致的一系列负面影响，尤其在犯罪嫌疑人已被采取逮捕等强制措施的情况下。可见，对于公安机关侦查终结并移送起诉的案件，难以通过检察官的裁量不起诉在审前程序中过滤掉，为制约公诉裁量权滥用而设置的复议、复核制度，很大程度上却成为了裁量权行使的障碍，干涉了公诉权独立性，本末倒置。

5. 人民监督员制度

立法上通过职能管辖确立了检察机关对部分案件的侦查权。检察机关自侦案件相较于其他普通刑事案件的裁量不起诉有其自身特点。对于拟不起诉的案件，在程序审批方面，自侦案件由承办机关的上一级人民检察院批准，适用程序更复杂；在裁量权制约方面，自侦案件主要以贪污贿赂及渎职犯罪为主，这类案件中基本没有被害人，也就不存在来自被害人方面的制约；自侦案件也不会受到侦查机关自身的制约；对于省级以下检察机关侦办的案件，上一级检察机关是酌定不起诉的决定者，既然批准不起诉，又怎可能通过事后内部监督推翻？法院对于不起诉的制约几乎为零。因而，对于检察机关的自侦案件只有来自被不起诉人的制约。为改变这种状况，我国设立了人民监督员制度。根据 2004 年最高人民检察院出台的《关于人民检察院直接受理侦查案件实行人民监督员制度的规定（试行）》的相关规定，人民监督员可以对检察机关侦办的职务犯罪案件中拟作出不起诉的情况进行监督，但这种监督通常是以书面方式进行，人民监督员的意见只具有建议性，最终的决定仍由检察机关作出。

从上述分析可以看到，我国虽然形成了对不起诉裁量权的制约体系，但基本都是以请求权或者建议权的方式存在，缺乏强制性，也就难以起到有效的制约作用。

第二节　公诉裁量权的程序性控制体系构建

通过前述对我国提起公诉权的实施状况的分析可知，刑事诉讼程序中的诸多问题都是因对提起公诉权缺乏相应的制约而产生的，因而构建有效的程序性控制措施非常必要。对公诉裁量权进行程序性控制的根本目的在于，保障公诉裁量权行使的合法性与合理性。合法性是前提，强调的是所裁量起诉的案件必须符合法定条件，而合理性则意味着检察官的不起诉裁量权行使适当。笔者在对公诉裁量权的属性、理论基础进行深入剖析的基础上，通过域外比较研究，针对我国的具体情况，以发展的眼光构建公诉裁量权的程序性控制体系，并力求实现权力控制的规范化、技术化及合理化。

一、起诉裁量权的程序性控制机制构建

　　纵观西方法治国家，尽管各国的司法理念、诉讼模式以及公诉制度不尽相同，但是基本都建立了对起诉裁量权的制约机制，即使具体制度设置上存在差异，究其根本目的，无一不是为了控制起诉权的行使，防止权力的滥用以及对人权的侵犯。实质上，防止公诉权的滥用与人权保障是一个问题的两个方面。滥用公诉权必然侵犯人权，而人权保障也必须要控制公诉权的滥用，从比较法的角度来看，只是大陆法系国家与英美法系国家对这两个方面关注的重心不同而已。在大陆法系职权主义模式下，重视国家权力行使的合法性，公诉审查的主要目的在于规范公诉权的运行，对起诉权的审查基本是依职权进行，是预审法官的一项"权力"，被追诉人没有过多的选择余地也不能放弃。而在英美法系当事人主义模式下，更重视对人权的保障，构建了大陪审团及预审程序对起诉裁量权进行制约，尤其是预审程序起到了非常重要的作用，"预审的目的在于防止草率、恶意、缺乏充分证据以及基于政治或宗教迫害的起诉。对于公民权利而言，防止滥用提起公诉权使得公民遭受公开的指控以及诉讼之累。"[1] 英美法系国家为制约起诉裁量权、防止侵犯人权而设置的大陪审团及预审制度，是否适用属公民的一项"权利"，因而可以选择放弃。可见，西方国家为防止检察官起诉裁量权的滥用，普遍通过司法权加以制约，实践证明这也是最直接、最有效的措施。

　　根据本书的研究范畴，对起诉裁量权的程序性控制措施的构建以提起公诉权与撤回公诉权为对象，这两种权力目前都缺乏司法权制约，实践证明，我国现有的起诉裁量权制约机制是失灵的。同时，各国面临的犯罪问

---

① Russell L. Weaver, *Principles of Criminal Procedure（Third Edition）*, US: Thomson Business, 2008, p.299.

题及权力滥用情况具有相似性，我国的公诉制度也更趋向于大陆法传统，当前的政治体制与法律体制暂时不适宜英美国家的大陪审团制度，加之大陪审团制度本身存在诸多亟待完善之处。基于上述理由，笔者认为，控制我国的起诉裁量权滥用，最有效的方式就是构建司法权制约机制。

1. 提起公诉权的庭前公诉审查程序构建

在我国现阶段，构建提起公诉权的司法审查机制，最具可行性的措施就是通过完善庭前程序来实现，因而必须要明确庭前程序的内涵与功能。对于庭前程序的界定，我国学术界没有形成统一的观点。第一种观点认为，庭前程序仅指庭前准备程序，是法院为保障审判的顺利进行而作的必要准备，不包括公诉审查，"准备程序的定位，顾名思义，仅限于审判之'准备'而已，其目的在于透过准备而使'人'与'物'能齐集于审判期日。"① 第二种观点认为，庭前程序是指从提起公诉至庭审开始前，法院为正式审判进行的一系列准备活动，包括公诉审查以及由此产生的各种诉讼关系，"庭前程序主要指法院的审前程序，包括庭前公诉审查、庭审准备等。"② 我国一些教材亦将庭前程序定义为人民检察院向人民法院提起公诉后到人民法院开庭审判前，人民法院所进行的各种审判准备所遵循的规则总称……包括对公诉案件的庭前审查和开庭审判前的准备两个部分。③ 第三种观点认为，广义上的庭前程序是指从诉讼开始到正式审判的整个诉讼阶段，"广义上的庭前程序包括审判前的立案、侦查、公诉准备等一系列活动程序规则"。④ 上述几种观点无所谓对错，主要是对庭前程序认识上的广义与狭义之区分。结合本书的研究目的，笔者认为第二种观点对庭前程序的界定更适宜于起诉裁量权控制的相关研究。简言之，庭前程序是指法院通过对提起公诉的案件所作的审查，以及为保障审判所进行的一系列程序性准备活动。正如有学者也认为，"广义的庭前准备程序包括两方面的内容：一是法院对公诉案件的审查，即公诉审查程序；二是控辩双方在法院的主持下为开庭审判而共同进行的事务性准备活动，即狭义的庭前准备程序"。⑤ 可见，庭前程序主要包括公诉审查与开庭准备两个部分，而实现

① 林钰雄：《刑事诉讼法（下）》，中国人民大学出版社 2005 年版，第 151–152 页。
② 龙宗智：《刑事庭审制度研究》，中国政法大学出版社 2001 年版，第 145 页。
③ 陈光中主编：《刑事诉讼法》，北京大学出版社 2004 年版，第 299–302 页。
④ 陈卫东主编：《刑事诉讼法》，中国人民大学出版社 2004 年版，第 340–341 页。
⑤ 李玉华、李森：《刑事诉讼庭前准备程序的反思与重构》，《河北科技大学学报》2010 年第 3 期。

对起诉裁量权控制的是前者，笔者将其界定为庭前公诉审查程序。

庭前公诉审查程序具备以下几个基本特征：其一，审查的主体是法官，由法官对提起公诉的案件进行审查体现了审判权对公诉权的制约；其二，审查的对象是检察机关提起公诉的案件，法官通过对案件事实与证据的实质性审查，决定是否进行审判；其三，审查的目的是防止提起公诉权的滥用，避免滥行起诉造成侵犯人权及司法资源浪费，也是错案进入庭审前的最后一道防线；其四，审查的结果体现为是否决定开庭审理。构建符合我国情况的庭前公诉审查程序对我国起诉裁量权进行程序性控制，无论是实务上还是理论上均具有可行性，笔者在此基础上进一步提出相应的具体措施。

（1）程序构建的可行性主要体现在以下几个方面：首先，非司法权制约机制失灵。我国的司法实践证明，现有的起诉裁量权制约机制并未达到预期的效果，包括党委、人大监督与检察机关内部的自我监督，而来自公众、媒体等方面的社会监督，非常态化且作用甚微。其次，司法权制约的可行性已经得到西方国家司法实践的验证。司法审查权是英美国家宪政的基石，法院对公诉的审查，其实是国家司法机关对作为政府职能部门的检察官是否适当行使追诉权的监督和制约，是司法权对行政权的监督和制约。[①]在大陆法系国家，司法审查机制也极其重要。再次，司法权制约具有天然的优势。这种优势体现在有效性与权威性两个方面，司法机关制约追诉权力具有有效性与权威性。所谓有效性，主要是相对于社会监督、人大监督以及其他党政机关监督等程序外监督方式而言的，司法审查具有同步性、介入性、直接性及常态性等优势；相对于检察机关的内部监督来说，通过庭前审查对提起公诉权的制约具有中立性、客观性及终局性等优势。所谓权威性，是在"以裁判为中心"的诉讼构造下，法官作出的决定更易被控辩双方所接受。最后，《刑事诉讼法》的修改为庭前公诉审查提供了契机。在1996年《刑事诉讼法》修改之际，为防止庭审流于形式、实现对抗式庭审改革而取消了证据全案移送制度，但历经十余年的实践证明，证据移送并不必然影响庭审中的对抗性，因而2012年《刑事诉讼法》的修改又恢复了全案证据移送制度，这也为庭前公诉审查程序的构建提供

---

① 姚莉、卞建林：《公诉审查制度研究》，《政法论坛》1998年第3期。

了可能。同时，非法证据排除规则以及庭前会议等制度的确立，也使得法官可以通过对证据的审查判断以及全案其他因素的综合考虑，决定案件是否开庭审理。

（2）对提起公诉权进行程序性控制的制度设计，应当立足本土，借鉴域外成功经验，明确庭前公诉审查程序构建的基本思路，关键是确立公诉审查的标准，并在此基础上借鉴西方国家的成功经验，结合我国的政治体制、司法改革背景提出切实可行的程序设计方案。

1）实现司法权对起诉裁量权的有效控制，应当在我国现有立法的基础上沿着这样的基本思路进行具体的制度设计：完善现有的庭前审查制度，将其明确划分为公诉审查程序与开庭准备程序两部分，在公诉审查程序中构建独立于审判法官的公诉审查法官制度，设立公诉审查标准，公诉审查法官通过对案件的全面审查，裁定是否交由审判法官开庭审理。对于决定开庭审理的案件，同时可以提出适用普通程序还是简易程序的意见。而开庭准备工作，尤其是对专业性要求不高的例如将起诉书副本送达被告人及其辩护人，将开庭时间、地点通知检察院，送达传票和通知书等辅助性工作，可以由司法辅助人员完成。如此一来，现有的庭前程序就实现了庭前公诉审查程序与开庭准备程序的区分：公诉审查法官通过对案件的审查，能够有效制约检察官的起诉裁量权，具有审前案件过滤功能，防止滥诉的产生；确立审判方式的功能、非法证据排除等也可以在公诉审查程序中完成，有利于实行案件审理的繁简分流，提高诉讼效率；将开庭准备任务交由司法辅助人员完成，也大大降低了司法成本。应当注意的是，为了防止造成审前预断，公诉审查重新回到1996年《刑事诉讼法》修改前的状态，公诉审查法官必须与审判法官进行严格的区分。

2）为避免庭前公诉审查程序变异为正式审判的预演，庭前公诉审查程序构建的一个重要内容就是审查标准的确立。庭前公诉审查本质上是对案件的实体性审查，如果审查标准与审判标准等同，则对于决定开庭审理的案件无疑为审理程序的重复。公诉审查的标准可外化为提起公诉的条件，具体包括程序性条件与实体性条件两个方面。"公诉条件的设置其实是对国家追诉权的一种限制和制约，是基于国家权力可能滥用，公民合法权益可能被剥夺的担心而上升到法律层面的禁止性规定。它无疑是司法民主化和科学化的产物，同时又吻合了权力制衡的理念，即在创设权力的同时又创设对其的制约。"① 这也是各国为防止滥行起诉而普遍设置起诉审查机制的根本意义所在。在此基础上，各国对提起公诉普遍规定了两项基本要求：合法性与适当性。合法性又包括实体上合法与程序上合法，实体上的合法主要是指起诉应当符合法定的证据标准，并且排除了法定不起诉的情形；而程序上的合法则是指对案件进行审判所必须具备的程序性条件，包括符合追诉时效、管辖要求等方面。这也就意味着只有同时满足实体合法与程序合法的案件，才具备提起公诉的合法性，二者缺一不可。提起公诉的适当性，主要是指案件虽然具备合法性条件，但基于起诉便宜主义，只有必须予以追究时才能起诉，否则不应当起诉。上述标准也确立了法院进行起诉审查的基本内容，违背了合法性与适当性的起诉可被视为提起公诉权的滥用。换言之，对提起公诉权制约的目的就是防止不具有合法性与适当性的案件进入庭审，造成侵犯人权、诉讼的拖延以及司法资源的浪费。

关于提起公诉的证据标准，各国的具体规定不尽相同。法国《刑事诉讼法法典》中规定提起公诉的证据标准为"明显的理由"，意指犯罪实际发生并且犯罪活动由嫌疑人实施，法国的检察官在提起公诉时并不要求有明确的被指控人，可以申请预审法官查明。德国《刑事诉讼法法典》规定提起公诉的标准是"有足够的事实根据"，也就是有充分的犯罪嫌疑。英国《皇家检察官守则》规定对提起公诉的案件要从证据与公共利益两个方面进行审查，其中对于证据标准的要求是"现实的定罪预期"，意指检察官对于指控内心确信有充分的证据实现定罪的预期。美国虽然没有对提起公诉的证据标准作出明确的规定，但实践中要考虑"定罪的现实可能"。日本自"二战"后废除了预审制度，也没有对提起公诉的证据标准作出明确的规定，但这并不意味着对检察官的提起公诉权没有限制，在"精密司法"的制度框架下，法院对提起公诉的案件有罪判决率非常高，这也可以推导出检察官提起公诉的证据标准应当是"确信能够实现有罪判决"。

通过对上述主要国家提起公诉证据标准的比较，可以发现两个共同特征：一方面，提起公诉的证据标准基本都是原则性表述，要求检察官对指控有足够的证据加以证明，并且内心确信法院能够作出有罪判决，但是这样的证据标准在实践中如何判断与把握，有赖于检察官对证据的裁量，因

---

① 韩红兴：《刑事公诉庭前程序研究》，法律出版社 2011 年版，第 90 页。

为在具体案件中，公诉证据标准不是统一的，陪审团审判的经验往往决定了满足公诉条件的证据数量与质量。[①] 这也充分印证了提起公诉权是检察官公诉裁量权的一种具体类型。另一方面，提起公诉的证据标准不同于定罪标准，并且普遍低于定罪标准，这也充分体现了无罪推定原则下公诉权作为裁判请求权与裁判权本身的本质区别。

证明标准是证明案件事实所要达到的程度，本质上是主体对客体的认识。从侦查、起诉到审判，随着诉讼程序的推进，主体对证据的掌握以及对案件事实的认识、还原程度也在逐步深入，因而，不同诉讼阶段的证明标准应当是分层次的，并且在每个阶段上都应保持主客观因素相一致。[②] 目前，我国立法将提起公诉的证明标准规定为"犯罪事实已查清，证据确实、充分"，而定罪的证明标准为"案件事实清楚，证据确实、充分"，提起公诉的证明标准基本与定罪标准一致，提起公诉的证明标准明显过高，这不利于实践中的把握，易导致审判流于形式或者因达不到起诉条件而放纵犯罪。综上，根据对提起公诉证明标准的规律性分析，可以将我国检察机关提起公诉的条件设计成等同于公诉审查法官的审查标准，即"有相当的证据能够证明犯罪事实存在"，这一标准明显低于"事实清楚，证据确实、充分"的定罪标准。

3）具体程序设计如下：公诉审查法官收到检察官的起诉书以及移送的证据与案卷材料后，应当首先依职权进行书面审查，审查的内容包括实体性审查与程序性审查两方面。实体性审查主要是对证据的审查，依据为检察官提起公诉的标准，这也是制约起诉裁量权的关键；而程序审查则包括是否属于本院管辖、起诉书填写是否完整、是否提起附带民事诉讼等内容。根据审查的结果，公诉审查法官可作出如下裁定：一是开庭审理，即有相当的证据能够证明犯罪发生，对于决定开庭审理的案件，同时可以根据案件情况向审判法官提出适用普通程序或者简易程序的建议；二是驳回起诉，主要是针对滥用起诉裁量权的行为，并且规定没有新的事实、证据，不得再次起诉；三是退回检察院，包括不属于本院管辖、告诉才处理的案件以及被告人不在案等情况；四是裁定撤回起诉，公诉审查法官根据检察官的撤回起诉申请，认为符合撤回起诉条件的，可以裁定撤回起诉；

---

① 孙长永：《提起公诉的证据标准及其司法审查比较研究》，《中国法学》2001 年第 4 期。
② 杨宇冠、郭旭：《论提起公诉的证据标准》，《人民检察》2013 年第 15 期。

五是终止审理，主要指我国《刑事诉讼法》第15条规定的情况。同时，在庭前公诉审查程序中，有以下几个问题需要进一步明确。

首先，关于异议及非法证据排除的审查。被告人及其辩护人提出非法证据排除或者对管辖权以及检察官是否滥用提起公诉权有异议的，可以申请公诉审查法官启动听证程序。听证程序由公诉审查法官主持，控辩双方参加，形成法官居中的基本诉讼构造，对于异议或非法证据，辩护方承担初步的举证责任，控方则承担相应的证明责任。对于启动非法证据排除程序的案件，公诉审查法官应当根据被排除后的证据重新审查是否达到公诉标准。

其次，关于证据的开示。控方应向辩护方全面开示证据，当然涉及国家秘密及个人隐私的证据除外；而辩方负有向控方进行有限的证据开示的义务，主要包括正当防卫、犯罪人不在场等可能直接导致无罪判决的证据。控方审前未向辩方开示的证据不得在法庭中出示。庭前公诉审查程序中对于证据开示的规定，不仅可以让辩护方进行充分的防御准备，有利于保障被告人的辩护权，也能够提高诉讼效率，对于控辩双方无争议的证据，庭审中可以不再进行法庭调查与辩论。

最后，关于不服裁定的救济。不服裁定的救济，主要是针对驳回起诉裁定赋予检察机关程序性的上诉权。对于公诉审查法官作出的检察官滥用提起公诉权而驳回起诉的裁定，本质上是一种程序性裁判，检察官不服可以向上一级法院的公诉审查法官提出上诉，并由上一级法院作出的裁定具有终局性。之所以不赋予被告人在庭前公诉审查程序中对决定开庭审理不服进行救济的权利，是因为可以通过正式审判程序对被告人是否有罪进行审查。

2. 撤回起诉权的程序性控制措施

如果通过庭前公诉审查程序实现了对提起公诉权有效的程序性控制的目的，那么司法实践中撤回起诉权滥用的情形也必将大大减少，因为滥用撤回起诉权很大程度上是由于对提起公诉权制约不足导致的恶性循环。撤回起诉制度本身有其存在的合理性，有利于及时纠正错误或根据案情的变化调整公诉内容，但必须进行相应的程序性控制，以防止其被滥用。西方国家的撤回起诉制度一般适用于提起公诉后发现被告人不构成犯罪或者不应被判处刑罚的情况，并对权力的行使进行了严格的程序性控制。大陆法系国家原则上不允许检察官撤回起诉，例如，法国规定"公诉一经发动不得撤回"，德国《刑事诉讼法》第156条也明确规定：审判程序开始后，不能撤回公诉。可见，检察官的撤回起诉权受到严格的控制。而英美国家基于诉权处分的原则，检察官的撤回起诉权相对广泛，但也对撤回起诉的时间与方式进行了必要的限制，例如，英国规定，法院在案件审理开始前，检察官可以撤回或放弃起诉，而当审理开始后，也可以通过不提出证据的方式撤回起诉。美国《联邦刑事诉讼规则》对撤回起诉的规定更加严格，不仅要经法庭许可，还要经被告人同意。

根据我国的情况，结合2012年《刑事诉讼法》重新确立的全案移送制度，对检察官的撤回起诉权应当依托法院的庭前审查程序实现程序性控制。首先，撤回起诉的时间应当明确限定在开庭审理之前，通过庭前公诉审查程序，法官对案件能够进行实体性审查，发现检察官申请撤诉的案件确实存在不构成犯罪或者不应当被判处刑罚时，裁定准许撤诉，能够及时纠正错误并节省司法资源。但是案件一旦进入审判程序则不能撤回。其次，在庭前审查程序中，由于存在"以裁判为中心"的诉讼构造，法官对于检察机关的撤诉申请，应当听取被害人与被告人及其辩护律师的意见，使裁定过程公开、透明。再次，明确撤回起诉的法律效力，撤回起诉应当与不起诉进行有效衔接，检察机关对于裁定撤诉的案件要及时作出不起诉决定，解除对犯罪嫌疑人已经采取的强制措施，归还扣押财物等。最后，对于撤诉后没有新的事实和证据重复起诉的情况，应当作出驳回起诉的裁定。

二、不起诉裁量权的程序性控制体系构建

不起诉裁量权的程序控制应当构建在对现有不起诉裁量权进行完善、扩大的基础上。针对我国检察官不起诉裁量权较小的现状，扩大不起诉裁量权的适用范围，也是顺应国际发展趋势的必然要求。同时，应当调整现有的程序性控制体系，去劣存优，并根据扩大后的不起诉裁量权，重新构建新的程序性控制体系。换言之，构建不起诉裁量权控制体系的基础是对现有权力适用"域"的扩张。

1. 不起诉裁量权适用范围的调整

虽然我国立法中规定了酌定不起诉、附条件不起诉及和解不起诉，但实际上附条件不起诉与和解不起诉都属于广义上的酌定不起诉，也就是裁

量性不起诉，所附"条件"的满足与"和解"的达成，都是检察官进行裁量的考虑因素而已。同时，在具体制度中，我国的不起诉裁量权在实施过程中存在两个问题：一是现有制度中的不合理因素制约了裁量不起诉的程序性功能；二是不起诉裁量权的适用范围有待进一步扩大。

现有制度的完善。现有的不起诉裁量权主要体现在酌定不起诉、和解不起诉以及附条件不起诉三种具体制度中，这也是西方国家检察官裁量权行使的主要方式，制度本身虽然具有合理性，但在我国的运行中仍存在诸多问题需要加以完善。

（1）和解不起诉的制度完善：检察官和解不起诉裁量权的充分发挥，有赖于公诉阶段和解程序适用率的提高。对于符合条件并且有和解可能的案件，在公诉阶段只有尽量促成被害人与犯罪行为人达成和解，提高和解程序的适用率，检察官才能进一步根据犯罪行为人的主观恶性、社会危险性等具体情况裁量不起诉。从这个角度来说，和解不起诉的适用率与和解程序的适用率成正比。扩大和解程序中检察官的不起诉裁量权有两个关键点：一是要扩大刑事和解适用范围，二是要完善刑事和解与酌定不起诉、附条件不起诉等制度的有效衔接。完善和解不起诉在公诉阶段中的程序分流作用，就应当在提高刑事和解适用率的基础上扩大检察官的不起诉裁量权。根据前面所述和解不起诉中存在的问题，结合刑事和解制度的自身特点，扩大不起诉裁量权的具体措施包括以下几个方面。

首先，完善当事人的协商机制。刑事和解的本质是在双方当事人自愿的基础上，被害人就犯罪损失补偿及是否予以谅解与加害人达成的合意，而合意的达成需要完善的协商机制作保障。一方面，要保障当事人在和解程序中的有效参与权及充分的谈判权，通过被害人与犯罪行为人深度的对话与交流，有利于双方达成"心理和解"，防止因事后反悔造成司法资源的二次浪费，有利于促进纠纷的一次性解决。"利益冲突的目的是利益博弈和解决问题，冲突的结果往往不是哪一方的彻底胜利，而是妥协让步。妥协和让步往往是以谈判的方式实现的。因此，在一个利益多元化的时代，谈判应当成为解决冲突的常规化形式。"[①] 另一方面，加强律师的参与。和解不起诉以轻微犯罪为主，这些案件中律师往往参与较少，双方当

---

① 孙立平：《利益时代的冲突与和谐》，《南方周末》2004 年 12 月 31 日经济版。转引自郭云忠：《刑事诉讼谦抑论》，北京大学出版社 2008 年版，第 99 页。

事人的协商难免带有一定的盲目性。律师的参与，能够使当事人更加明确和解的法律意义，尤其应当加强被害人获得律师帮助的权利，对于符合条件的被害人可提供法律援助，因为律师的参与不仅可以保障被害人的诉讼权利，防止在诉讼中受到二次伤害，也可以针对赔偿数额作出合理化的建议，避免在司法实践中被害人"漫天要价"情况的发生。

其次，扩大和解不起诉的适用，构建多元化的和解措施。扩大和解不起诉的适用，不仅包括在现有立法基础上扩大案件适用范围，也包括适用条件上的适当放宽。目前我国在立法上对和解不起诉与酌定不起诉规定的适用条件相同，都是"犯罪情节轻微，不需要判处刑罚"，这往往使犯罪行为人失去和解的动力，凸显不了和解不起诉的制度特色。根据实践中的相关数据统计，假设将和解不起诉的适用条件规定为"三年以下有期徒刑以下刑罚"，将有效实现和解不起诉的程序分流功能。多元化和解措施的构建也有利于当事人的选择及和解的实现。刑事和解应当明确是对民事责任的和解，以犯罪行为人真诚悔罪与被害人谅解为核心，设置多种和解措施，而不是以经济赔偿为唯一标准。民事部分的和解措施也要区分物质层面与精神层面，对于前者的和解措施，除了现有的经济赔偿外，可再辅以"劳务补偿及恢复原状等措施"，[①] 顾名思义，劳务补偿主要通过犯罪行为人提供一定的劳动或者服务弥补犯罪被害人受到的损失，这种和解措施可以适用于那些犯罪行为人缺乏经济赔偿能力的案件；而恢复原状则意味着使事物恢复到犯罪之前的状态，主要适用于直接或间接侵财性案件。精神层面的措施，最主要的还是以犯罪行为人真诚悔过、赔礼道歉并获得被害人谅解的"心理和解"为主，同时辅以公益性措施，包括提供社会服务、参加公益组织等。针对犯罪造成的不同危害、加害人与被害人的具体情况，包括加害人的经济状况，被害人内心真正渴望的补偿方式，设置多元化的和解措施。最终目的是促使和解协议的达成，化解矛盾，使检察官的不起诉裁量权在和解程序中得到充分发挥，进而实现程序分流。

再次，构建调解机构主持下的和解程序，明确检察官的角色定位。在我国刑事和解制度的探索初期，对主持人的选任上有几种不同的模式：双方当事人自行和解模式、调解委员会主持模式及公安司法机关主持模式，

---

① 宋英辉：《刑事和解制度研究》，北京大学出版社 2011 年版，第 184–192 页。

而最终立法规定在公诉阶段的和解由检察官主持。实践证明，由检察官主持和解，易造成诉讼效率下降，而双方当事人自行和解模式中又带有诸多盲目性，根据我国的实际情况，结合西方国家的经验，现阶段和解交由人民调解委员会主持为宜，不仅可以得到专业性方面的保证，也能够提高检察官的工作效率。而对于调解委员会的确立，可以参考仲裁程序中仲裁机构的确立方式，以增加和解的透明度与公正性。关于和解程序中检察官的角色，首先应当明确的是，扩大和解不起诉的程序分流作用，检察官对于和解程序的适用，应变"消极等待"为"积极促成"，但不应过分干涉当事人的意愿。对符合条件且当事人愿意和解的案件，及时交由双方当事人选定的调解机构进行和解。检察官在和解程序中的角色不再是和解协议的主持者、制作者，而是和解内容的审查者与裁量不起诉的决定者，避免刑事和解制度成为一种在正当性上出问题的"潜规则"。① 因而，公诉阶段检察官对和解内容的审查与监督是必要的，审查的重点是和解协议的自愿性及合法性，而监督的重点是和解协议的执行，根据这两方面的情况，结合犯罪的社会危害性，犯罪行为人的主观恶性、人身危险性等进行综合衡量，对符合条件的案件裁量不起诉。

　　最后，加强和解与不起诉的制度衔接。公诉裁量权行使的结果有两种：起诉与不起诉，这也是刑事和解程序中检察官应当根据案件及和解情况作出的决定。我国的刑事和解与西方国家的和解不起诉有一定的区别，和解的达成只是检察官进行裁量时的考虑因素之一，即使最终因和解而作出不起诉决定，本质上仍是裁量不起诉的一种情况。由此可见，刑事和解本身并非一个对诉讼起决定作用的独立程序，最终还是要通过检察官的起诉或不起诉来决定案件的进程。因此，刑事和解的意义在于可以作为裁量的一个考虑因素，不起诉也必然体现在与酌定不起诉、缓起诉等制度的有效衔接上。

　　（2）酌定不起诉与附条件不起诉的完善：我国现行酌定不起诉与附条件不起诉不仅适用范围窄，而且存在一定交叉，所以此处一并进行探讨。针对我国附条件不起诉制度适用范围窄、适用率低的实际情况，要充分发挥检察官的公诉裁量权，调整立法思路，重新构建现有的制度框架。从现

---

① 陈瑞华：《刑事诉讼的私力合作模式——刑事和解在中国的兴起》，《中国法学》2006 年第 5 期。

有的理论研究成果来看，学者们普遍倾向于以"扩大适用范围"来完善我国附条件不起诉制度，但这些建议基本都是从宏观角度加以论证，对于重新构建附条件不起诉制度，缺乏针对不同主体、案件情况等具体的分类构建模式及相应的理论支撑。

扩大附条件不起诉制度的适用范围是我国公诉制度发展的必然趋势，但不能简单地以"扩大附条件不起诉制度的适用范围"进行完善，最重要的是要在这一前提下，对适用于未成年人犯罪的附条件不起诉与适用于其他成年人犯罪的附条件不起诉进行模式化区分，并在各自模式下规定具体的适用范围、条件及所附加的内容。换言之，要在现有立法基础上，完善未成年人附条件不起诉制度，同时增加适用于普通刑事案件的附条件不起诉，两种模式可以暂且称为"未成年人附条件不起诉"与"普通附条件不起诉"，这种划分也是基于未成年人犯罪与附条件不起诉所蕴含的不同理论基础。二者的区别在于所附条件不同，"未成年人附条件不起诉"以教育性条件为主，而"普通附条件不起诉"以惩罚性条件为主。

总而言之，由于裁量不起诉是个开放的体系，绝不仅限于目前我国立法中规定的酌定不起诉、附条件不起诉以及和解不起诉，更不是有些学者认为的不起诉裁量权等同于酌定不起诉权。根据我国现阶段的实际情况，除了完善酌定不起诉、附条件不起诉以及和解不起诉制度，保障不起诉裁量权的行使之外，可以设置适用于轻微案件的公诉替代措施，以更加灵活的方式实现不起诉裁量权的程序性功能。公诉替代措施，本质上就是一种通过法定措施替代立即起诉的暂时不起诉制度，而根据措施的不同性质，理论上可分为赔偿性替代措施与惩罚性替代措施。顾名思义，赔偿性替代措施是以赔偿被害人的损失为主要目的，例如法国的刑事调解制度；而惩罚性替代措施则主要指不起诉要以相应惩罚为前提，是检察官针对轻微犯罪通过作出相应的刑罚命令替代正式起诉的制度。起诉替代措施在西方国家占重要位置，以法国为例，"2005年，在检察机关追诉的677107个案件中，有421169个案件适用起诉替代措施处理，占所有起诉案件的62.2%。"[1] 根据我国的情况，设置的公诉替代措施应以惩罚性为主，嫌疑人按规定接受一定惩罚措施后即不再提起公诉。

---

[1] 魏武：《法德检察制度》，中国检察出版社2008年版，第55页。

酌定情节的具备，条件的满足以及和解的达成，都是检察官进行裁量时考虑的因素。由此一来，随着社会的发展、人们思想观念的转变以及刑事司法制度的不断完善，未来一定会有更多的因素被纳入不起诉裁量的范畴，例如污点证人不起诉、辩诉交易不起诉等。在构建不起诉裁量权的控制体系时要将这些因素予以考虑，才能使得研究具有前瞻性。

2. 不起诉裁量权的程序性控制措施构建

我国现有的不起诉裁量权本身适用范围窄，基于裁量不起诉本身属开放性体系，除了完善现有的酌定不起诉、附条件不起诉与和解不起诉制度外，还应当进一步扩大不起诉裁量权的适用范围，使其更加灵活、便利地发挥案件分流、提高诉讼程序以及保障人权的程序性作用。同时，对于已达到起诉条件的案件，无论基于何种制度、理由，检察官作出裁量不起诉的决定，其结果都是案件不再通过正式审判程序解决犯罪嫌疑人的定罪量刑问题。检察官滥用不起诉裁量权主要会造成三种后果：首先，对于被害人而言，不起诉意味着检察官单方面放弃了犯罪追诉权，其面临两方面的风险：一是因犯罪导致的损失可能无法得到赔偿；二是以"严惩凶手平衡犯罪导致的心理创伤"的愿望得不到满足，这两方面的原因会进而引发更大的社会矛盾，特别是在申诉、上访等救济途径用尽的情况下。其次，对于被不起诉人而言，检察官的不起诉表面上看是"法外开恩"，但实际上剥夺了其获得正式审判的机会，尤其是对那些不存在犯罪事实的人，更渴望通过开庭审理得到宣告无罪的判决结果。最后，对于社会公众而言，检察官滥用不起诉裁量权无疑等于放纵犯罪，背后极有可能存在权力寻租、司法腐败等情况，这也将导致司法的公信力受到损害。基于上述原因，对于不起诉裁量权进行有效的控制是极为必要的。

不起诉裁量权的程序性控制体系构建必须遵循以下几方面原则：一是控制措施要有针对性，并且要适度，裁量权本质上是一种"在一定幅度内的自由选择权"，如果控制得过于严苛，极易影响不起诉裁量权作用的发挥，控制得过于宽松又起不到有效的作用，因而对"度"的把握非常重要；二是要以当事人的权利救济为主要的制约机制，因为不起诉裁量权的滥用会直接侵犯被害人的利益；三是要加强控制措施的有效性，现有控制体系存在的最大问题就是刚性不足，针对这种情况，控制措施不能仅仅是建议性的，应当能够对诉讼程序产生直接影响，这也是"程序性控制"的意义所在；四是要突出社会监督的重要性，因为滥用不起诉裁量权会损害司法的公信力，通过公众参与实现对国家权力的监督与制约，能够使得司法程序更加公开、透明，这也是社会监督的目标。遵循上述基本原则，结合我国的司法体制以及现有不起诉裁量权控制体系中存在的突出问题，针对扩大后的不起诉裁量权，新的程序性控制体系具体构建如下。

（1）改进人民监督员制度，赋予其强制执行力。我国的检察机关兼具法律监督权与案件侦查权，自侦案件的司法公正性长期以来饱受诟病，针对这种情况，2004年最高人民检察院设立了人民监督员制度，对检察机关查办的职务犯罪案件进行监督，其中包括拟不起诉的情况。但由于人民监督员的产生、管理、职责、权限以及保障都受制于检察机关，因而其中立性难以保障。"由被监督者授权别人来监督自己，不管其监督效果如何，都难以令人相信这种监督的公正性。"① 据此，2015年2月27日，最高人民检察院与司法部联合出台了《深化人民监督员制度改革方案》，对人民监督员的选任、管理方式、监督程序等进行了改革。对于不起诉裁量权的控制而言，人民监督员制度是公众参与的社会监督方式，具有进步意义，但现有制度存在缺乏中立性、适用范围窄、不具有强制力等诸多缺陷，应当进一步完善。

首先，扩大拟不起诉案件的监督范围。现有的人民监督员制度是由最高人民检察院设立的，主要目的是监督检察机关办理的自侦案件。对于公安机关及其他侦查机关移送的案件，检察机关拟作出不起诉决定的却不在人民监督员的监督范围中，而这类案件的数量远超过自侦案件。因而，应当将检察机关拟不起诉的所有案件都纳入人民监督员的监督范围。

其次，将人民监督员设立为独立性机构。现有人民监督员制度产生的背景决定了其机构设置对于检察机关的附属性，人民监督员最初完全由检察机关选任、管理，必然要受制于检察机关，随着2015年《深化人民监督员制度改革方案》的出台，人民监督员虽然转由司法行政部门进行统一管理，但检察机关仍起到辅助管理的作用。实际上，人民监督员来自社会公众，该制度的产生也是为了实现社会监督，"人民监督员的社会监督属性决定了人民监督员不宜由管理机构来对其实施集中统一管理。"② 因此，应当将我国的人民监督员组织设立成为独立性机构，不依附于任何一个机

① 彭辅顺、陈忠：《人民监督员制度之检讨与改进》，《河北法学》2010年第2期。
② 张兆松：《中国检察权监督制约机制研究》，清华大学出版社2014年版，第258页。

关，这也是其他国家通行的做法，例如，日本的检察审查委员会，美国的大陪审团。

再次，赋予人民监督员决议的强制性。要实现人民监督员对于不起诉裁量权的有效控制，必须赋予其表决意见相应的强制效力。根据现有的规定，当人民监督员的评议结果与检察机关不符时，虽然可以向上一级检察机关提出复议，但其实最终还是要服从检察机关的意见，社会监督的作用难以完全实现。因而，必须赋予人民监督员表决意见的强制力，可以在现有规定的基础上增加新的条款，规定当上一级检察机关的复议结果维持不起诉决定时，经 2/3 以上多数人民监督员表决同意，人民检察院应当将案件提起公诉，由人民法院进行审理。

最后，改革启动方式。目前我国人民监督员的监督程序由检察机关启动，对拟不起诉的案件都要送交人民监督员办公室审查，既缺乏针对性，也不利于效率的提高。并非所有拟不起诉的案件都要启动人民监督员的监督程序，该程序主要应适用于控辩双方有争议的案件，被不起诉人、检察机关以及被害人都有权启动监督程序。

（2）设立强制起诉制度，加强法院对于不起诉裁量权的制约。根据我国目前的立法规定，对于检察机关滥用不起诉裁量权的行为，法院无权进行任何干预，这是不起诉裁量权控制体系中的最大缺陷。从公诉裁量权的域外比较可知，其他国家对于检察官不起诉裁量权的滥用已经构建了司法权制约模式，例如，德国的强制起诉制度、日本的准起诉制度，都为我国提供了可参考的样本。设立强制起诉制度的主要目的是保障被害人的利益，赋予被害人将检察机关的不起诉决定提交法院进行司法审查的权利，这与目前我国赋予被害人的"公诉转自诉"权利救济方式在性质上存在较大差异。"公诉转自诉"主要是对于检察机关决定不起诉的案件，被害人向法院起诉后，法院是对案件本身是否符合自诉案件的立案标准进行审查，而不是对检察机关的不起诉行为是否合法进行审查，被害人的角色转变为自诉案件中的自诉人，负有举证责任，根据《刑事诉讼法》第 205 条的相关规定，只有在"犯罪事实清楚，有足够证据"的情况下，法院才会开庭审理，而在证据不足的情况下，法院"应当说服自诉人撤回自诉，或者裁定驳回"。司法实践已经证明，"公诉转自诉"的方式不利于保障被害人的利益。

设立强制起诉制度，主要是通过启动司法审查的方式制约检察机关不起诉裁量权的滥用，保障被害人的利益。具体程序可以设计为：被害人如果不服检察机关的不起诉决定，可以先向上一级检察院申诉，请求提起公诉，当上一级检察院维持不起诉决定时，被害人可以向法院提出"审查不起诉决定"的请求，法院应当对检察院的不起诉决定是否合法进行审查，作出不起诉决定的检察院承担"不起诉决定合法"的证明责任。经法院审查，如果认为不起诉决定错误，检察院应当提起公诉并出庭支持公诉；如果认为不起诉决定适当，则应当驳回被害人的请求。

（3）理顺法律关系，取消公安机关的复议、复核权。在刑事诉讼程序中，公安机关负责案件的侦查，侦查终结的案件移送检察院审查起诉后，由检察机关独立行使公诉权，可以作出起诉或者不起诉决定。从应然角度来讲，检察院即使作出了不起诉决定，也与公安机关的利益无关。赋予公诉机关对于不起诉决定的复议、复核权，实际上是侦查权对公诉权的干涉，不利于公诉裁量权的行使，实践证明，弊大于利。要想改变我国公检法三机关目前"流水作业式"案件办理流程，保障检察机关独立行使公诉裁量权，取消公安机关对于不起诉决定的复议、复核权势在必行。

三、控权机制配套措施的完善

制度的实施离不开配套机制的保障。立法者的预期目标，如果仅仅依靠制度的构建或者程序的设置，那将难以完全实现，必须有完善的配套机制加以保障。对于公诉裁量权而言，要实现程序性控制的有效性，除了科学的制度设置外，也要有相应的配套机制，其中最重要的是促进司法独立、完善主诉检察官制度以及保障律师的有效参与。

1. 促进司法独立

为什么良好的制度构建往往在实践中难以取得预期的效果？究其原因，是因为制度的运行环境未发生根本性变化。换言之，司法体制没有随着制度的构建进行相应的调整。司法改革应当以体制改革为核心，而体制改革的首要问题就是司法独立，这里所指的司法独立主要是针对审判权而言。作为在三权分立基础上构建起来的司法独立原则，历经西方300年文明进化史，由于缺乏哲学的理性、历史的逻辑性以及习惯的引导，其价值与理念为中国社会完全接受尚需一个漫长的过程。① 司法独立，对刑事诉讼程序有直接的影响，一直是我国司法改革的重心，也是理论上讨论的热点。对于我国公诉裁量权行使中出现的滥用现象，根本原因也是由于司法不独立。对于起诉裁量权而言，缺乏审判权对公诉权的有效制约，使不应当或者不必要开庭审理的案件进入审判程序；司法不独立，无罪判决面临重重阻力，进而导致撤回起诉权在实践中被广泛滥用；不起诉裁量权缺乏独立的司法权制约，难以保障被害人的权利。

我国宪法确立了法院独立行使审判权，司法独立虽然具有宪法根基，但其独立性在司法实践中却始终未能真正实现。主要原因有四个方面：一是我国的司法独立强调的是法院整体独立而不包括法官个人独立，法官在行使审判权过程中受法院内部的行政化管理，形成了行政化的办案模式，导致司法的行政化色彩浓厚。二是在办理刑事案件过程中，公检法三机关对犯罪追诉具有目标一致性，并且长期以来形成了"流水作业式"的诉讼模式，导致法院的职能以打击犯罪为主，而忽视了对人权的保障以及对侦查权、公诉权的制约。② 三是相对于侦查权与检察权的强势，审判权在刑事诉讼程序中处于弱势地位，司法独立面临现实的困境。四是在法院审理案件过程中，过度考虑社会效果与政治效果，突出表现在对于经媒体大肆报道后引起社会关注的案件以及领导交办、批示的案件，司法独立难以保证。

促进司法独立，首先要在当前司法改革的背景下，淡化司法独立的行政色彩，保障法院依法独立行使审判权，进而实现从法院独立到法官独立。十八届三中全会通过了《中共中央关于全面深化改革若干重大问题的决议》，明确提出依法独立公正行使审判权与检察权，这为司法独立提供了契机。促进法院独立，必须使司法审判脱离地方化与行政化，推动省以下地方法院人、财、物的统一管理，是保障司法审判不受地方党委、政府干预的有力举措。而国务院印发的《领导干部干预司法活动、插手具体案件处理的记录、通报和责任追究规定》，对于促进司法独立也具有重要意义。在法院独立的基础上实现法官个人独立，应当改革现有的庭长、院长案件审批制，厘清其角色定位，使管理职能与审判职能相分离，促进法官

---

① 韩秀桃：《近代中国对司法独立的价值追求与现实依归》，《中国法学》2003 年第 4 期。
② 陈卫东：《司法机关依法独立行使职权研究》，《中国法学》2014 年第 2 期。

的独立，保障法官依法独立行使审判权，同时转变审判委员会传统的案件讨论、审批职能。也有学者提出，构建违宪审查机制保障司法独立，[①] 笔者认为这也不失为保障司法独立的有效途径。

实现公诉裁量权有效的程序性控制，核心是强化审判权对公诉权的制约，必须构建以裁判为中心的诉讼构造，而前提就是司法独立。对于起诉裁量权的控制，最有效的方式就是庭前公诉审查程序，但应当进一步明确庭前公诉审查的法官与审判法官之间的独立；对于不起诉裁量权的控制，无论是被害人的强制起诉程序还是人民监督员制度，都需要法院的参与，并且建立在司法独立的基础之上，否则即使这些制约机制通过立法得以确立，实践中也易被架空。司法独立是司法公信力的基本条件，并且"只有具备公信力的司法权力才能构成完整的司法权威。"[②]

2. 完善主诉检察官制度

公诉裁量权，是检察官对于是否提起公诉以及公诉变更在法律框架内的自由选择权，是检察官在客观义务及公共利益原则基础上的价值判断，公诉裁量权的充分行使必须以检察权的独立为前提，尤其是应当保障检察官的个人独立。如果公诉裁量过度受制于检察机关内部的制度约束，势必会影响其运行效果。

我国宪法虽然确立了检察权的专属性与独立性，但这种独立只是检察机关的独立，而不是检察官的独立，公诉裁量权受检察机关内部"三级审批"工作机制的制约。主诉检察官制度在我国的确立，也主要是针对检察机关办理案件"三级审批"制度中的弊端，通过改革检察官的办案机制，保障其独立行使公诉权，调动检察官的积极性，提高诉讼效率。自 2000 年主诉检察官制度实施以来，虽然在我国取得了一定的效果，但司法实践表明，制度中仍存在一些亟待完善的问题。保障检察官依法独立行使公诉权，必须通过内部工作机制与管理机制来实现，权责明确。但从本质上而言，主诉检察官制度有其存在的合理性，"因为它符合司法活动具有的亲历性、判断性和独立性规律。"[③] 因此，完善主诉检察官制度，一方面能增强检察官行使公诉裁量权的独立性；另一方面也有利于责任明确，是实现

[①] 李步云、柳志伟：《司法独立的几个问题》，《法学研究》2002 年第 3 期。
[②] 陈光中、肖沛权：《关于司法权威之探讨》，《政法论坛》2011 年第 1 期。
[③] 邓思清：《主诉（办）检察官制度改革回顾及启示》，《人民检察》2013 年第 14 期。

程序性控制的必要保障。

一方面，完善主诉检察官制度要充分保障主诉检察官行使公诉权的独立性。根据最高人民检察院《关于在审查起诉部门全面推行主诉检察官办案责任机制的工作方案》规定，对于提起公诉的案件享有决定权，但对于变更公诉、拟不起诉等案件仅有提出处理意见的权力，但没有决定权。这也就意味着，主诉检察官享有充分的起诉裁量权，但其不起诉裁量权受到"三级审批"工作机制的制约，而我国的司法现状是不起诉裁量权有待于进一步扩大。因此，笔者认为既然主诉检察官制度是为保障公诉权的独立行使，主诉检察官的决定权就不应当局限于提起公诉权，对于不起诉裁量权与公诉变更权也应具有自主决定权，这种做法在我国已有先例，并取得了较好的效果。例如，广东省某检察院，在主诉检察官制度的基础上实行主任检察官办案责任制，除提起公诉权外，也能够独立行使不起诉裁量权，"附条件不起诉案件完全由主任检察官行使并独立作出决定，在全国属首例。"[1]有学者认为，主任检察官制度，有利于突破"三级审批"的办案模式，实现检察管理的扁平化、集约化和专业化。[2]

另一方面，完善主诉检察官制度，重点应明确权责关系及责任落实，这有利于规范主诉检察官的公诉裁量权，进而保障程序性控制的有效性。在传统的"三级审批"办案模式下，具体办案的检察官只有提出公诉意见的权力，而没有决定权，尤其是对于拟不起诉的案件，要经过公诉部门负责人、检察长甚至检委会的层层审批，一旦发生公诉裁量权的滥用，权责不清，难以实现责任落实与追究。完善主诉检察官制度，公诉裁量权由主诉检察官独立行使，不仅包括起诉裁量权，也应当包括不起诉裁量权。对于公诉裁量权滥用的行为，直接追究主诉检察官的责任，通过办案责任机制保障程序性控制的实现，进而规范主诉检察官公诉裁量权的行使。

3. 强化律师的有效参与

在刑事诉讼中，各国普遍赋予了嫌疑人、被告人获得律师帮助的权利，这也是实现有效辩护的主要方式。加强律师在刑事诉讼中的地位与权利保障，是人权保障与社会主义法治进程的必然要求，也是近年来司法改

[1] 章宁旦：《珠海横琴检察院司法改革放权与监督并重：附条件不起诉主任检察官能拍板》，《法制日报》2015年3月24日第5版。
[2] 谢佑平等：《主任检察官制度研究》，《中国法学》2015年第1期。

革的重要内容。律师的有效参与，可以弥补控辩双方在刑事诉讼中力量悬殊以及当事人专业知识不足的缺陷，进而实现保障当事人的诉讼权利，提高诉讼效率，实现程序正义等目标，这些都要以律师的有效参与为前提。律师的辩护率从某种意义上讲，能够反映一个国家的刑事法治水平。[①]

在刑事诉讼程序中，每个具体阶段律师的作用并不完全一致，在公诉阶段，律师的有效参与，律师会见权、阅卷权以及发表意见等权利能够得到充分保障。虽然近年来随着立法的完善，律师的权利得到加强，但仍存在诸多问题，影响其辩护权的行使。例如，在审查起诉程序中，虽然立法规定检察官应当听取辩护人的意见并记录在案，但司法实践中即使律师提出意见往往对裁量的结果影响也不大，律师参与诉讼，关键是能够实现其参与的有效性。为实现这一目的，检察官在公诉程序中要转变观念，明确律师参与诉讼是为实现程序正义，与律师保持良好的控辩关系，保障律师在刑事诉讼中相应的诉讼权利。律师的有效参与，既是为了当事人的权利救济，也是为了监督与制约检察官的公诉裁量权，更是构建公诉裁量权的程序性控制机制的前提。具体到起诉裁量权的程序性控制，律师参与的意义体现在：能够及时发现证据中存在的问题，制约检察机关的不当起诉及撤回起诉，保障嫌疑人的诉讼权利；在不起诉裁量权的程序性控制中，律师更多的是代表被害人的利益，通过不起诉听证制度、强制起诉制度等保障其诉讼权利。

---

① 傅冰、王东：《刑事诉讼构造中的控辩关系与律师权利保护——司法改革语境下的分析》，《当代法学》2007 年第 4 期。

结　论

　　公诉裁量权是公诉权在起诉法定主义与起诉便宜主义融合下的产物，是检察官在法律授权范围内的裁量性权力，就是否提起公诉而言，可分为起诉裁量权与不起诉裁量权。通过对公诉权的权力分解可知，提起公诉权、公诉变更权本质上都属于起诉裁量权的范畴；不起诉裁量权也不仅局限于现有的立法规定，而是一个开放的体系。对于公诉裁量权的创新性理论界定，不仅有利于拓宽现有的研究视野，也有利于解释司法实践中为什么错案层出不穷、撤回起诉随意性大以及法院案件积压严重等一系列问题，根本原因是由于将检察官的起诉裁量权视为法定性权力，并缺乏有效的控制机制。同时将不起诉裁量权视为一种起诉的例外并囿于特定的制度框架下，限制了其程序性功能的发挥，背离了公诉裁量权的应有之义。

　　围绕公诉裁量权的"运行"与"控制"展开研究，深入剖析其理论基础至关重要。通过域外比较研究可以发现，现代法治国家基本都构建了预审制度，以司法权制约起诉裁量权；不起诉裁量权在世界范围内也普遍呈扩大趋势，权力的控制以当事人权利救济的方式实现。相比之下，在我国对于公诉裁量权的控制体系中，司法控权缺失，"重监督，轻制约"也导致制约力度明显不足。由于我国的法律传统文化、司法体制等与国外存在较大差别，现有理论研究中将国外的制度生搬硬套用以制约我国公诉裁量权的做法值得商榷。构建公诉裁量权的程序性控制体系，应当立足我国本土实际，以世界的眼光，遵循公诉裁量权的内在运行规律，并且注重科学性与实效性。

　　基于公诉裁量权的"裁量性"本质特征，构建程序性控制体系，要把握控制的"度"，根本目的是既能保障权力的充分发挥，又能够防止其滥用，最终实现公诉裁量权的案件过滤与程序分流功能。对于起诉裁量权的程序性控制，应当以司法权控制为核心，构建庭前公诉审查程序；对于不起诉裁量权的程序性控制，首先应当扩大其适用范围，并在此基础上完善人民监督员制度、设立强制起诉制度以及理顺法律关系，取消公安机关的复议、复核权。当然，实现对公诉裁量权的程序性控制并不是仅靠制度的构建就能够实现的，还要有司法独立、律师的有效参与等配套机制的保障。

新一轮司法体制改革已经启动，在党中央确立的"让权力在阳光下运行，把权力关进制度的笼子"决策下，司法独立逐步被推进，各种不科学的考核指标也逐步被取消。未来，随着公诉裁量权的程序性控制机制的不断完善，"谁来监督监督者"的答案也即将呈现。

参考文献

中文专著：

卞建林、刘玫：《外国刑事诉讼法》，人民法院出版社 2002 年版。

卞建林、王立主编：《刑事和解与程序分流》，中国人民公安大学出版社 2010 年版。

蔡定剑：《历史与变革——新中国法制建设的历程》，中国政法大学出版社 2000 年版。

蔡巍：《检察官自由裁量权比较研究》，中国检察出版社 2009 年版。

陈光中、[德] 汉斯·约格阿尔布莱希特：《中德不起诉制度比较研究》，中国检察出版社 2002 年版。

陈光中主编：《刑事诉讼法》，北京大学出版社 2004 年版。

陈海锋：《刑事审查起诉程序正当性完善研究》，法律出版社 2014 年版。

陈瑞华：《论法学研究方法》，北京大学出版社 2009 年版。

陈瑞华：《问题与主义之间——刑事诉讼基本问题研究》，中国人民大学出版社 2004 年版。

陈瑞华：《刑事审判原理论》，北京大学出版社 1997 年版。

陈瑞华：《刑事诉讼的前沿问题（第二版）》，中国人民大学出版社 2005 年版。

陈瑞华：《刑事诉讼的中国模式（第二版）》，法律出版社 2010 年版。

陈卫东：《程序正义之路（第一卷）》，法律出版社 2005 年版。

陈卫东主编：《刑事诉讼法》，中国人民大学出版社 2004 年版。

崔敏：《中国刑事诉讼法的新发展——刑事诉讼法修改研讨的全面回顾》，中国人民公安大学出版社 1996 年版。

董玉庭、董进宇：《刑事自由裁量权导论》，法律出版社 2008 年版。

樊崇义、陈卫东、钟志松主编：《现代公诉制度研究》，中国人民公安大学出版社 2006 年版。

樊崇义：《刑事审判程序改革与展望》，中国人民公安大学出版社 2005 年版。

樊崇义：《正当法律程序研究》，中国人民公安大学出版社 2005 年版。

樊崇义等：《刑事诉讼法再修改理性思考》，中国人民公安大学出版社 2007 年版。

高鸿钧：《现代法治的出路》，清华大学出版社 2003 年版。

公丕祥：《法理学》，复旦大学出版社 2002 年版。

郭云忠：《刑事诉讼谦抑论》，北京大学出版社 2008 年版。

韩红兴：《刑事公诉庭前程序研究》，法律出版社 2011 年版。

韩旭：《检察官客观义务论》，法律出版社 2013 年版。

郝银钟：《刑事公诉权原理》，人民法院出版社 2004 年版。

黄豹：《刑事诉权研究》，北京大学出版社 2013 年版。

姜涛：《刑事程序分流研究》，人民法院出版社 2007 年版。

李斌：《能动司法与公诉制度改革》，中国人民公安大学出版社 2012 年版。

李建玲：《被害人视野中的刑事和解》，山东大学出版社 2007 年版。

李心鉴：《刑事诉讼构造论》，中国政法大学出版社 1998 年版。

李学军主编：《美国刑事诉讼规则》，中国检察出版社 2003 年版。

林俊益：《程序正义与诉讼经济——刑事诉讼专题研究》，台湾元照出版公司 1997 年版。

林钰雄：《检察官论》，台湾学林文化事业有限公司 1999 年版。

林钰雄：《刑事诉讼法（下）》，中国人民大学出版社 2005 年版。

刘根菊等：《刑事诉讼程序改革之多维视角》，中国人民公安大学出版社 2006 年版。

龙宗智：《刑事庭审制度研究》，中国政法大学出版社 2001 年版。

马跃：《美国刑事司法制度》，中国政法大学出版社 2004 年版。

邱兴隆：《刑罚的哲理与法理》，法律出版社 2003 年版。

宋世杰等：《外国刑事诉讼法比较研究》，中国法制出版社 2006 年版。

宋英辉、孙长永、朴宗根等：《外国刑事诉讼法》，北京大学出版社 2011 年版。

宋英辉、吴宏耀：《刑事审判前程序研究》，中国政法大学出版社 2002 年版。

宋英辉：《刑事诉讼原理（第二版）》，法律出版社 2007 年版。

宋英辉：《刑事诉讼原理导读》，中国检察出版社 2008 年版。

宋英辉主编：《刑事和解制度研究》，北京大学出版社 2011 年版。

宋远升：《检察官论》，法律出版社 2014 年版。

苏琳伟：《公诉裁量权研究——从现象到制度的考察》，中国法制出版社
　　2014 年版。

苏晓宏等：《法律运行中的自由裁量》，法律出版社 2010 年版。

孙力主编：《暂缓起诉制度研究》，中国检察出版社 2009 年版。

孙谦：《中国特色社会主义检察制度》，中国检察出版社 2009 年版。

王晋、刘荣生主编：《英国刑事审判与检察制度》，中国方正出版社 1999
　　年版。

王禄生：《刑事诉讼的案件过滤机制——基于中美两国实证材料的考察》，
　　北京大学出版社 2014 年版。

王守安：《检察裁量制度的理论与实践》，中国人民公安大学出版社 2011
　　年版。

王昕：《公诉运行机制实证研究——以 C 市 30 年公诉工作为例》，中国检
　　察出版社 2010 年版。

王新环：《公诉权原论》，中国人民公安大学出版社 2006 年版。

王雨田：《控制论、信息论、系统科学与哲学》，中国人民大学出版社 1986
　　年版。

王兆鹏：《美国刑事诉讼法（第 2 版）》，台湾元照出版公司 2007 年版。

魏武：《法德检察制度》，中国检察出版社 2008 年版。

谢小剑：《公诉权制约制度研究》，法律出版社 2009 年版。

谢佑平、万毅：《刑事诉讼法原则：程序正义的基石》，法律出版社 2002
　　年版。

徐靖：《诉讼视角下中国社会公权力法律规制研究》，法律出版社 2014 年版。

徐静村主编：《刑事诉讼法学（上）》，法律出版社 1997 年版。

徐显明等：《外国司法体制若干问题概述》，法律出版社 2005 年版。

杨春洗：《刑事政策论》，北京大学出版社 1994 年版。

杨东亮：《刑事诉讼中的司法审查》，法律出版社 2014 年版。

詹建红：《刑事诉讼契约研究》，中国社会科学出版社 2010 年版。

张文显：《二十世纪西方法哲学思潮研究》，法律出版社 1996 年版。

张兆松：《中国检察权监督制约机制研究》，清华大学出版社 2014 年版。

中国法律年鉴编辑部：《中国法律年鉴》，中国法律年鉴出版社。

周欣：《侦查权配置问题研究》，中国人民公安大学出版社 2010 年版。

周长军：《刑事裁量论——在划一性与个别化之间》，中国人民公安大学出版社 2006 年版。

周长军：《刑事裁量权规制的实证研究》，中国法制出版社 2011 年版。

朱效清、张智辉主编：《检察学》，中国检察出版社 2010 年版。

中文译著：

［德］赫费：《政治的正义——法和国家的批判哲学之基础》，庞学铨、李张林译，上海译文出版社 1998 年版。

［德］黑格尔：《法哲学原理》，范扬、张企泰译，商务印书馆 1961 年版。

［德］科殷：《法哲学》，林荣远译，华夏出版社 2002 年版。

［德］约阿希姆·赫尔曼：《德国刑事诉讼法典》，李昌珂译，中国政法大学出版社 1995 年版。

［法］贝尔纳·布洛克：《法国刑事诉讼法（第 21 版）》，罗结珍译，中国政法大学出版社 2009 年版。

［法］卡斯东·斯特法尼：《法国刑事诉讼法精译（上）》，罗结珍译，中国政法大学出版社 1998 年版。

［法］孟德斯鸠：《论法的精神（上册）》，张雁深译，商务印书馆 1978 年版。

［美］爱伦·豪切斯泰勒·斯黛丽、南希·弗兰克：《美国刑事法院诉讼程序》，陈卫东、徐美君译，中国人民大学出版社 2002 年版。

［美］安吉娜·J.戴维斯：《专横的正义——美国检察官的权力》，李昌林、陈川陵译，中国法制出版社 2012 年版。

［美］丹尼斯·H.朗：《权力论》，陆震纶、郑明哲译，中国社会科学出版社 2001 年版。

［美］德沃金：《认真对待权利》，信春鹰等译，中国大百科全书出版社 1998 年版。

［美］肯尼斯·卡尔普·戴维斯：《裁量正义》，毕洪海译，商务印书馆 2009 年版。

［美］劳伦斯·M.弗里德曼：《法律制度——从社会科学角度观察》，李琼英、林欣译，中国政法大学出版社 2004 年版。

［美］理查德·A.波斯纳：《超越法律》，苏力译，中国政法大学出版社 2001年版。

［美］罗斯科·庞德：《法律史解释》，邓正来译，中国法制出版社 2002 年版。

［日］松尾浩也：《日本刑事诉讼法（上）》，丁相顺、张凌译，中国人民大学出版社 2005 年版。

［日］田口守一：《刑事诉讼的目的》，张凌、于秀峰译，中国政法大学出版社 2011 年版。

［日］田口守一：《刑事诉讼法》，刘迪等译，法律出版社 2000 年版。

［日］田口守一：《刑事诉讼法（第五版）》，张凌、于秀峰译，中国政法大学出版社 2010 年版。

［英］戴维·M.沃克：《牛津法律大辞典》，北京社会与科技发展研究所译，光明日报出版社 1988 年版。

［英］麦高伟、杰弗里·威尔逊主编：《英国刑事司法程序》，刘立霞等译，法律出版社 2003 年版。

中文期刊：

卞建林、封利强：《构建刑事和解的中国模式——以刑事谅解为基础》，《政法论坛》2008 年第 6 期。

［美］丹尼拉·塞拉德、何挺：《恢复性司法的实证研究》，《中国刑事法杂志》2008 年第 3 期。

陈光中、肖沛权：《关于司法权威之探讨》，《政法论坛》2011 年第 1 期。

陈国权、王勤：《论政治文明中的权力制约》，《政法论坛》2004 年第 6 期。

陈瑞华：《刑事诉讼的私力合作模式——刑事和解在中国的兴起》，《中国法学》2006 年第 5 期。

陈瑞华：《刑事诉讼制度改革的若干问题》，《国家检察官学院学报》2007 年第 6 期。

陈卫东：《司法机关依法独立行使职权研究》，《中国法学》2014 年第 2 期。

陈兴良：《宽严相济刑事政策研究》，《法学杂志》2006 年第 1 期。

程雷：《检察官的客观义务比较研究》，《国家检察官学院学报》2005 年第 4 期。

邓思清：《主诉（办）检察官制度改革回顾及启示》，《人民检察》2013 年第 14 期。

樊崇义:《制度创新,理念先行——刑事诉讼法修改中的几个检察理论问题》,《人民检察》2006 年第 1 期。

傅冰、王东:《刑事诉讼构造中的控辩关系与律师权利保护——司法改革语境下的分析》,《当代法学》2007 年第 4 期。

傅郁林:《繁简分流与程序保障》,《法学研究》2003 年第 1 期。

顾永忠、刘莹:《论撤回公诉的司法误区与立法重构》,《法律科学——西北政法学院学报》2007 年第 2 期。

韩秀桃:《近代中国对司法独立的价值追求与现实依归》,《中国法学》2003 年第 4 期。

和静均:《海外刑事和解制度的启示》,《检察风云》2007 年第 10 期。

胡志坚:《论公诉裁量权的理性规制》,《人民检察》2004 年第 10 期。

黄豹:《刑事诉讼中公诉权之滥用及其规则》,《武汉科技学院学报》2010 年第 6 期。

李步云、柳志伟:《司法独立的几个问题》,《法学研究》2002 年第 3 期。

李玉华、李森:《刑事诉讼庭前准备程序的反思与重构》,《河北科技大学学报》2010 年第 3 期。

李玉娜:《刑事诉讼两个对立模式之研究》,中国台湾"国立"政治大学硕士学位论文,1985 年。

刘兰秋:《刑事不起诉制度研究》,中国政法大学博士学位论文,2006 年。

刘艺:《论我国行政裁量司法控制模式的建构》,《法学家》2013 年第 4 期。

龙宗智:《检察官客观义务的基本矛盾及其应对》,《四川大学学报(哲学社会科学版)》2014 年第 4 期。

龙宗智:《检察官自由裁量权论纲》,《人民检察》2005 年第 8 期。

卢建平:《作为"治道"的刑事政策》,《华东政法学院学报》2005 年第 4 期。

路飞:《对刑事案件审判程序改革的几点看法》,《政法论坛》1994 年第 1 期。

毛建平:《起诉裁量权研究》,西南政法大学博士学位论文,2005 年。

彭辅顺,陈忠:《人民监督员制度之检讨与改进》,《河北法学》2010 年第 2 期。

宋英辉:《我国酌定不起诉的立法完善》,《河南社会科学》2010 年第 1 期。

宋英辉:《酌定不起诉适用中面临的问题与对策——基于未成年人案件的实证研究》,《现代法学杂志》2007 年第 1 期。

孙长永:《提起公诉的证据标准及其司法审查比较研究》,《中国法学》2001

年第 4 期。

汪建成、祁建建：《论诉权理论在刑事诉讼中的导入》，《中国法学》2002
年第 6 期。

王利明：《法学家眼中的和谐社会：和谐社会应当是法治社会》，《法学杂
志》2005 年第 5 期。

谢佑平等：《主任检察官制度研究》，《中国法学》2015 年第 1 期。

徐岱、王军明：《刑法谦抑理念下的刑事和解法律规制》，《吉林大学社会
科学学报》2007 年第 5 期。

徐鹤喃：《公诉权的理论解构》，《政法论坛》2002 年第 3 期。

徐隽：《盘点十八大以来纠正的 23 起重大冤假错案》，《人民日报》2014 年
12 月 17 日第 1 版。

许政强、张好文：《基层检察权在刑事和解制度中的刚与柔——酌定不起
诉制度解读》，《时代金融》2013 年第 10 期。

闫召华：《报复性起诉的法律规制——以美国法为借鉴》，《法学论坛》2010
年第 3 期。

杨宇冠、郭旭：《论提起公诉的证据标准》，《人民检察》2013 年第 15 期。

姚莉、卞建林：《公诉审查制度研究》，《政法论坛》1998 年第 3 期。

元轶、王森亮：《俄罗斯刑事诉讼程序分流研究》，《北京政法职业学院学
报》2013 年第 2 期。

张均、邱孟洁：《刑事和解工作实证分析：以怀化市鹤城区人民检察院为
蓝本》，《怀化学院学报》2014 年第 10 期。

张少林：《完善我国检察机关的起诉裁量权探讨》，《福建法学》2001 年第 1 期。

张卫平：《论民事诉讼的契约化——完善我国民事诉讼法的基本作业》，
《中国法学》2004 年第 3 期。

张小玲：《刑事诉讼中的"程序分流"》，《政法论坛》2003 年第 2 期。

张旭、李峰：《论刑事诉讼中的"选择性起诉"》，《法学评论》2006 年第 4 期。

赵永红：《公诉权制约研究》，《中共政法管理干部学院学报》1999 年第 4 期。

朱孝清：《试论刑事撤诉》，《人民检察》2013 年第 18 期。

中文报纸、电子文献

黄洁：《程序复杂附条件不起诉遭"冷落"》，《法制日报》2013 年 5 月 9 日

第5版。

蒋熙辉：《西方刑事政策主要流派及其评价》，《检察日报》2008年4月17
    日第3版。

刘万永：《一个退休高官的生意经》，《中国青年报》2015年5月18日第
    B1版。

刘长：《死刑，发回；死缓，发回；撤诉：判不了，就关着》，http：//www.
    infzm.com/content/76075，2012-05-29。

孙立平：《利益时代的冲突与和谐》，《南方周末》2004年12月31日经济版。

章宁旦：《珠海横琴检察院司法改革放权与监督并重：附条件不起诉主任检
    察官能拍板》，《法制日报》2015年3月24日第5版。

英文著作：

Bryan A. Garner, *Black's Law Dictionary, seventh edition*, West Group,
    1999.

Charles H. Whitebread & Christopher Slobogin, *Criminal Procedure*, Foundation
    Press, 1993.

Julia Fionda, *Public Prosecutors and Discretion：A Comparative Study*, Oxford：
    Clarendon Press, 1995.

Russell L. Weaver, *Principles of Criminal Procedure（Third Edition）*, US：
    Thomson Business, 2008.

Yale Kamisar, Wayne R. Lafave, Jerold H. Israel et al, *Modern Criminal
    Procedure*, West Group, 1999.

索 引

后　记

本书是在我的博士论文基础上结合博士后研究成果全面修改完成，几易其稿，历经初审及专家评审，最终有幸入选第五批《中国社会科学博士后文库》。值此专著出版之际，回顾自己的学术之路，诸多感慨与感恩跃然纸上。无数个夜晚，灯下苦读，一杯清茶相伴，这样的场景已成为我生活的主旋律。从警察到博士后研究人员的角色转换，并非一朝一夕，工作多年再次回到大学校园，虽然具备一定的实践经验，但深知自身理论积淀的不足，做学问没有捷径，唯有发愤图强。幸运的是，在我的求学路上得到了恩师们的悉心教诲、同仁们的倾情相助以及亲人们的全力支持，心中感恩长存。

感谢我的硕士导师，北京大学法学院的陈瑞华教授。当年怀着崇拜之情来到北京大学，在这座神圣的学术殿堂里，有幸遇见了此后改变我人生方向的恩师。陈教授入木三分的讲解，加之我的公安工作经历，使我对诉讼法学研究产生了浓厚的兴趣，老师不仅是我进入诉讼法学研究的领路人，也为我打下了坚实的理论基础。衷心感谢老师及师母对我学习上的帮助与生活上的关怀。同时，也要感谢北京大学法学院的薛军教授、蒋大兴教授、张琪教授等诸位老师，使我真正对法律有了系统的研习。

感谢我的博士导师，中国人民公安大学法学院的周欣教授。博士学习期间，周老师为我传授专业知识，带领我从事科研工作，指导我的学术论文写作，尤其是博士论文，从选题、大纲修改及最后完稿，倾注了她的大量心血。平日里周老师也像慈母一样关心着我的生活，点点滴滴，我铭记在心，三年的朝夕相处，我与周老师之间那份亦师亦友的情谊，值得我此生珍惜。同时，感谢中国人民公安大学诉讼法学博士生导师组的刘万奇教授、李玉华教授、樊学勇教授以及白俊华教授等各位老师对我博士论文的悉心指导，本书也是各位老师智慧的结晶。

感谢我的博士后合作老师，中国政法大学的王进喜教授。王老师治学严谨，尤其对律师法的研究在国内首屈一指。王老师对我此次参评《中国社会科学博士后文库》给予了大力支持，并且为本书提供了重要的指导意见。在博士后研究阶段，王老师为我开启了证据法学研究的一个崭新的视角，并不断鼓励我克服困难攀登学术高峰。本书在创作过程中也得到了中国政法大学博士后流动站的大力支持，感谢博士后管理办公室戈春、杜倩两位老师的默默付出。

特别感谢美国纽海文大学李昌钰博士，中国社会科学研究院王敏远教授，中国政法大学王宇冠教授以及北京师范大学刘广三教授等各位恩师对我的学术指导。感谢王涛博士、崔海英博士、李小波博士、刘世权博士等诸位好友给予我的帮助。也要感谢曾经工作单位的战友们多年来给予我的所有支持。最后，感谢我的家人，我的父亲退休前是一名资深法官，父亲作为法律人对我潜移默化的影响以及对我选择学术之路的支持，使我能够坚定不移地走到今天；我的母亲是一位典型的贤妻良母，多年来不辞辛劳照顾一家人的饮食起居；我的弟弟是个有想法的年轻人，为我分担了很多生活上的琐事，在此祝愿他早日实现自己的理想。此书也献给我年幼的儿子，感谢他带给我的人生快乐，更希望能够激励他勤奋读书。

学习是一种信仰，人生规划亦没有固定模式，我也乐于继续勇敢挑战。是以为记，自勉。

武晓慧

2016 年 7 月 17 日于北京

专家推荐表

第五批《中国社会科学博士后文库》专家推荐表1

推荐专家姓名	陈瑞华	行政职务	
研究专长	刑事诉讼法学	电 话	
工作单位	北京大学法学院	邮 编	100871
推荐成果名称	《司法体制改革进程中控权机制研究——以公诉裁量权为范例》		
成果作者姓名	武晓慧		

（对书稿的学术创新、理论价值、现实意义、政治理论倾向及是否达到出版水平等方面做出全面评价，并指出其缺点或不足）

公权力制约是当下司法体制改革中的重要环节，本文作者在司法体制改革的宏观背景下进行控权问题研究，能够紧扣时代主题，选题具有一定的政治高度。公诉权在刑事诉讼法学理论中堪称研究的热点问题，作者以其中的公诉裁量权为具体对象进行相应的权力控制研究，可以说是小处入手，着眼大局。

本文学术创新的体现：将公诉裁量权一分为二，分别对起诉裁量权与不起诉裁量权进行理论剖析，研究脉络清晰，厘清了各种权力之间的逻辑关系，并提出"绝对裁量权"与"相对裁量权"等创新性模式分析方法，具有较高的理论价值，亦丰富了诉讼法学理论研究体系。关于起诉裁量权的控制，针对错案防范与人权保障重点提出了构建新型庭前审的观点，强调司法权对公诉权的制约；关于不起诉裁量权的控制，突破了原有理论框架，贯穿公正、高效、和谐的理念，提出了完善人民监督员制度以及强制起诉制度等创新观念，并进行了充分的论证，对我国的检察实务具有一定的现实意义。

通篇而言，该著作选题契合司法体制改革方向，论点清晰，论证充分，逻辑结构紧密，语言简洁顺畅，总体上达到了出版的水平。

签字：陈瑞华

2015 年 12 月 30 日

说明：该推荐表由具有正高职称的同行专家填写。一旦推荐书稿入选《博士后文库》，推荐专家姓名及推荐意见将印入著作。

第五批《中国社会科学博士后文库》专家推荐表 2

推荐专家姓名	王敏远	行政职务	
研究专长	刑事诉讼法学	电　话	
工作单位	中国社会科学院法学研究所	邮　编	100009
推荐成果名称	《司法体制改革进程中控权机制研究——以公诉裁量权为范例》		
成果作者姓名	武晓慧		

（对书稿的学术创新、理论价值、现实意义、政治理论倾向及是否达到出版水平等方面做出全面评价，并指出其缺点或不足）

《司法体制改革进程中控权机制研究——以公诉裁量权为范例》一文，将刑事诉讼法学中的具体问题纳入到国家权力控制的层面进行研究，政治理论倾向符合我国当前的大政方针，也从整体上提升了研究的理论高度。该文的学术创新点，宏观上来看，对公诉裁量权的研究沿着"起诉裁量权"与"不起诉裁量权"这两条主线展开，避免了一概而论的分析路，使得对权力的控制更加具有针对性，同时与基本国策以及司法体制改革紧密连接，突出了时代特征。微观上而言，文中对公诉权、公诉裁量权、起诉裁量权及不起诉裁量权等概念之间逻辑关系的分析，对公诉裁量权的运行样态论证与从中提炼出的模式划分理论，以及在此基础上构建的公诉裁量权控制体系等均具有较高的创新性。该文的理论价值体现在通过对公诉裁量权的系统论证，明确了过去研究中的一些模糊观点，丰富了相应的理论研究体系；现实意义主要体现在能够仅仅围绕公诉程序中检察官起诉与否以及权力与权利平衡的关键点，根据公诉裁量权的本质特征，把握住了权力适度控制的基本原则，结合司法实践中出现的问题及改革的瓶颈展开论证，对当前错案预防、提高诉讼效率、保障程序正义，构建和谐社会，挽救教育未成年人等均具有一定的现实意义。通篇而言，选题具有时代意及理论与实践价值，论证充分，结构严谨，达到出版水平，特此推荐。

签字：王敏远

2015 年 12 月 27 日

说明： 该推荐表由具有正高职称的同行专家填写。一旦推荐书稿入选《博士后文库》，推荐专家姓名及推荐意见将印入著作。